C.G. Wrangel
Das Luxus-Fuhrwerk

Documenta Hippologica

Darstellungen und Quellen zur Geschichte des Pferdes

Begründet von
Oberst H. Handler, Oberst W. Seunig,
Dr. G. Wenzler

Herausgegeben von
Brigadier K. Albrecht, Spanische Reitschule, Wien
H.J. Köhler, Prof. Dr. E.-H. Lochmann,
E.v. Neindorff, Dr. B. Schirg,
Landstallmeister a.D. Dr. W. Uppenborn

1982
Olms Presse
Hildesheim · Zürich · New York

Carl Gustav Wrangel

Das Luxus-Fuhrwerk

Ein Handbuch für Equipagenbesitzer

Mit einem Vorwort von
Armin Holzrichter
Landstallmeister a.D.

1982
Olms Presse
Hildesheim · Zürich · New York

Dem Nachdruck liegt das Exemplar
der Tierärztlichen Hochschule Hannover zugrunde.
Signatur: XXVI. 94.

Nachdruck der Ausgabe Stuttgart 1898
Mit freundlicher Genehmigung des Verlages Konrad Wittwer, Stuttgart
Printed in Germany
Herstellung: Strauss & Cramer GmbH, 6945 Hirschberg 2
Umschlagentwurf: P. König, Hildesheim
ISBN 3 487 08236 5

VORWORT

Carl-Gustav Graf Wrangel, als Verfasser des zweibändigen Werkes „Das Buch vom Pferde" vielen Pferdefreunden bekannt, hat sich im vorliegenden Band, der 1898 erstmals erschien, als profunder Kenner einer Materie erwiesen, die zu der damaligen Zeit in Europa, jedoch auch in Amerika, eine beachtenswerte Rolle spielte. Denn das Pferd stellte damals nicht nur eine unentbehrliche Zugkraft in der Landwirtschaft, im Gewerbe und auch in der Armee dar, sondern es hatte auch im gesellschaftlichen Leben repräsentativen Ambitionen und Verpflichtungen zu dienen.

Die in diesem Buche niedergeschriebenen Darstellungen und Beurteilungen, deren brillante Formulierung des öfteren mit Humor und Ironie gewürzt ist, haben nicht nur einen großen historischen Wert, sondern besitzen in einer Zeit, in der der Fahrsport wieder zu hoher Blüte gelangt ist, eine beachtliche aktuelle Geltung, dies umso mehr, als der hier gebrachte Stoff in keinem deutschsprachigen Fachbuch nur annähernd ebenso umfassend behandelt worden ist.

Es werden die verschiedensten Wagentypen, die uns heute noch bekannt sind, in ihren charakteristischen Merkmalen reich illustriert vorgestellt, dazu die stilgerechte Anschirrung, die passenden Pferde und die korrekte Adjustierung des Kutschpersonals und das modische turn-out der selbst die Leinen führenden Damen und Herren.

Die große Zahl der Freunde des Fahrsports kann sich beglückwünschen, daß dieses Buch nach fast hundert Jahren wieder der Öffentlichkeit zugänglich gemacht wird.

Landstallmeister a.D. A. Holzrichter

Das Luxus-Fuhrwerk.

Das

Luxus-Fuhrwerk.

Ein Handbuch für Equipagenbesitzer

von

Graf C. G. Wrangel.

Mit 134 Abbildungen.

Stuttgart.
Schickhardt & Ebner (Konrad Wittwer).
1898.

Einleitung.

Es ist eine eigentümliche Erscheinung, dass der Sinn für Luxus und der veredelte Geschmack, die den modernen Menschen kennzeichnen, sich so wenig auf dem Gebiete des Fahrwesens bemerkbar machen. Von einem zunehmenden Equipagenluxus ist, besonders in Deutschland, kaum etwas wahrzunehmen. Wohl aber liesse sich der Nachweis liefern, dass das Luxusfuhrwerk unserer Tage, verglichen mit den Prachtkarrossen, die noch in der ersten Hälfte des 19. Jahrhunderts zum Inventarium jedes vornehmen und reichen Hauses gehörten, bedeutend an Glanz eingebüsst hat. Und doch sollte man meinen, dass gerade die Anschaffung und Zusammenstellung einer fashionablen Equipage den zahlreichen Millionären fin de siècle als ein erwünschtes Mittel erscheinen müsste, Verständnis auch für solche Dinge an den Tag zu legen, die mit dem Kurszettel nichts gemein haben.

Irre ich nicht sehr, so ist diese auffällige Vernachlässigung des Fahrwesens in dem Umstande zu suchen, dass der Reichtum allgemeiner geworden. Es klingt das wie ein Paradox; wenn man aber bedenkt, in welch hohem Grade Familientraditionen, Erziehung, Verkehr mit Kennern und Künstlern, und zum teil auch Achtung vor den ungeschriebenen Gesetzen der guten Gesellschaft, den Geschmack in Sachen des Luxus beeinflussen, so wird man es begreiflich finden, dass die radikale Umgestaltung der Besitzverhältnisse, die von der französischen Revolution ein geleitet worden, nicht in jeder Beziehung von günstigem Einfluss auf die in erster Reihe der Prachtliebe dienenden Gewerbe ge wesen ist.

Lernen kann man alles, auch die Kunst rasch und leicht erworbenes Geld mit Verständnis auszugeben. Leider ist nicht Jeder, der es von heut auf morgen zum Millionär gebracht, davon zu überzeugen, dass es für ihn noch viel zu lernen giebt. Da sind denn verhängnisvolle Missgriffe kaum zu vermeiden, wenn der Betreffende einmal das Bedürfnis empfindet, seinen Namen auch in der Welt des Schönen zur Geltung zu bringen.

Hierzu kommt nun noch, dass sachverständiger Beirat, sowie mustergiltige Vorbilder, selbst für Geld nicht an jedem Orte zu haben sind. Ganz besonders pflegen letztere im Equipagenwesen zu den Seltenheiten zu zählen. Der immer mehr verarmende Adel bedient sich mit wenigen Ausnahmen hauptsächlich des Fiakers oder der Droschke; die kaiserlichen, königlichen und fürstlichen Marställe huldigen im täglichen Dienste einem Stil der, da er die Mitte hält zwischen bürgerlicher Anspruchslosigkeit und höfischem Glanz, für den Privatmann vollkommen unan wendbar ist, und die Finanzwelt erscheint in Equipagen, an denen man in der Regel nur lernen kann, wie ein Luxusfuhrwerk nicht aussehen darf. Ein den praktischen Bedürfnissen wie auch der neuesten Geschmacksrichtung und den Vorschriften der Etikette Rechnung tragendes „Handbuch für Equipagenbesitzer" dürfte daher in weiten Kreisen um so sicherer willkommen ge heissen werden, als die Zusammenstellung einer in jeder Einzel heit korrekten Equipage thatsächlich keine leichte Aufgabe ist Von dieser Voraussetzung ausgehend und weil es nun einmal feststeht, dass auf dem Gebiete des Equipagenwesens die von len meisten Besitzern angestrebte Eleganz ohne Korrektheit im)etail unerreichbar ist, habe ich es unternommen ein derartiges Iandbuch auszuarbeiten. Von der Galakarrosse angefangen, bis ıerab zum Dog Cart, ist in diesem Büchlein jede zur Kategorie ,Luxusfuhrwerk" gehörende Wagenart einer mit deutlichen llustrationen versehenen Besprechung unterzogen worden. Das-selbe gilt mit Bezug auf die für die verschiedenen Equipagen-gattungen vorgeschriebenen Pferde-Typen, Geschirre und Livreen. n dem Kapitel „Praktische Winke" wird dem Leser ausser-lem das Wissenswerteste über Behandiung der Wagen und Ge-schirre, über Stall- und Fahr-Etikette und die Obliegenheiten les Personals mitgeteilt. Ich glaube daher hoffen zu dürfen, lass derjenige, dem daran gelegen ist, sich über das moderne Luxusfuhrwerk mit allem was dazu gehört, eingehender zu unter-richten, meine anspruchslose Arbeit nicht ganz unbefriedigt aus ler Hand legen wird.

Schliesslich erfülle ich noch eine angenehme Pflicht, indem ch das mehrfach von mir als Quelle benützte amerikanische Prachtwerk „Driving for Pleasure", by Francis T. Underhill, ler Aufmerksamkeit aller Freunde des Fahrsports bestens em-pfehle. Mein schriftstellerischer Ehrgeiz wird vollkommen be-friedigt sein, wenn es mir gelungen, der deutschen Fachlitteratur ein würdiges Gegenstück zu diesem vortrefflichen Buche zu liefern.

Der Verfasser.

Historisches.

Der freundliche Leser möge nicht erschrecken. Es ist nicht unsere Absicht ihm ein mit allerlei gelehrten Floskeln ausgeschmücktes Bild von der historischen Entwicklung des Luxusfuhrwerkes zu entrollen. Wir werden somit nicht von dem mit goldenen und silbernen Zierraten geschmückten Wagen erzählen, in welchem Darius III. anno 333 v. Chr. Geb. an der Schlacht bei Issus teilnahm, und auch bei den prächtigen Caruccas der römischen Kaiser wollen wir uns keinen Augenblick aufhalten. Herrscht doch zwischen der Bauart dieser Wagen und derjenigen unseres modernen Fuhrwerks ein so gewaltiger Unterschied, dass es vollkommen genügt, wenn ihrer hier flüchtig Erwähnung gethan wird. Lassen wir aber das Altertum ganz aus dem Spiele, so brauchen wir unsere historischen Studien erst beim 15. Jahrhundert zu beginnen. Eines so langen Zeitraums bedurfte es nämlich, bis die Wagenbaukunst von ihren Uranfängen zu Formen gelangte, die dem Wesen eines Luxusfuhrwerkes annähernd entsprachen. Einer der allerersten Wagen dieser Gattung dürfte die gedeckte Staatskutsche gewesen sein, in welcher Kaiser Friedrich III. 1494 nach Frankreich kam. Anstoss zu rascherer Entwicklung des Fahrsports scheint diese kaiserliche Karrosse aber nicht gegeben zu haben, denn es vergingen noch nahezu 100 Jahre, bevor die vornehme Welt bei feierlichen Gelegenheiten sich des Staatswagens zu bedienen anfing. Bei der im Jahre 1562 erfolgten Krönung des Kaisers Maximilian, soll sich der Kurfürst von Köln jedoch mit 14 Wagen eingefunden haben. Um dieselbe Zeit, oder im Jahre 1568, wurde auch eine wichtige Veränderung in der Konstruktion der Wagen vorgenommen. Anstatt den Kasten wie bisher direkt auf den Achsen ruhen zu lassen, begann man ihn mittelst lederner Riemen ober dem Gestell zu befestigen. Merkwürdigerweise gelang es dieser gewiss sehr einleuchtenden Verbesserung nur sehr langsam grössere Verbreitung zu finden; wenigstens zeigte der Wagen, in welchem Heinrich VII. anno 1610 in Paris ermordet wurde, noch die ältere, Herz und Nieren prüfende Konstruktion.*) Dasselbe gilt mit Bezug auf die erste in England gebaute Kutsche, der vermutlich ein im Jahre 1555 vom Kontinent importierter, gedeckter Wagen als Vorbild gedient hat, denn falls wir Stow's „Chronicle" Glauben schenken dürfen, war dieser der erste seiner Gattung, den die Engländer zu Gesicht bekommen haben. Ein Blick auf nachstehende Zeichnung (Fig. 1) giebt zu erkennen, welche Martern die „jungfräuliche Königin" Elisabeth, wie auch ihre zarten Hofdamen haben erleiden müssen, wenn sie genötigt waren in diesen primitiven, wenn auch prunkvoll ausgestatteten Kasten eine über das jeder Beschreibung spottende Strassenpflaster der Hauptstadt oder die noch elenderen Landwege führende Fahrt zu unternehmen. Kein Wunder daher, dass noch zur Zeit der Königin Elisabeth sowohl Männlein wie auch Fräulein weit lieber den in sanft schaukelndem Passgang einherschreitenden Zelter bestiegen, als sich in den Prachtkutschen ihrer Königin alle Knochen durcheinander rütteln zu lassen. (Fig. 2.)

Populär waren diese ersten Kutschen in England überhaupt nicht. Taylor, der sog. Wasserpoet, schreibt mit Bezug hierauf: „In jenen Tagen war eine Kutsche ein ungeheuerliches Ding, dessen Anblick Menschen und Pferde mit Schrecken erfüllte. Während einige behaupteten es sei eine aus China stammende

*) Siehe „Das Buch vom Pferde" von Graf C. G. Wrangel, III. Auflage, Band I, pag. 384, Verlag von Schickhardt & Ebner (Konrad Wittwer) in Stuttgart.

riesige Austernschale, meinten andere es müsse einer jener heidnischen Tempel sein, in welchen die Kannibalen den Teufel anzubeten pflegten.“ An einer anderen Stelle heisst es: „Werfet gefälligst einen Blick in die Strassen und Wohnungen der Fleet-

Fig. 1. Staatskutsche der Königin Elisabeth von England, (nach einer alten Handzeichnung).

street oder des Strandviertels. Diese Gegend muss man jetzt wegen der neuartigen Fuhrwerke geradezu meiden, besonders nach einem bei Hofe stattgefundenen Maskenball oder Schauspiele. Die Erde zittert, das Hausgeräte wird hin und her gerüttelt und das Getöse ist

Fig. 2. Gewöhnliche Kutsche zur Zeit der Königin Elisabeth von England, (nach einer alten Handzeichnung).

ein derartiges, dass man weder schlafen noch sprechen, hören, schreiben oder mit Gemütsruhe seine Mahlzeiten einnehmen kann.“ Am erbittertsten aber waren die Wasser- und Lastträger, sowie auch die Fuhrleute über die in immer grösserer Anzahl in den Strassen der Hauptstadt verkehrenden Karrossen, zumal sich unter diesen auch Mietwagen befanden, durch die sie sich in ihrem Erwerb bedroht fühlten. Es gehört daher auch keineswegs zu den Seltenheiten, dass letztere an besonders schmutzigen Stellen der Strasse urplötzlich von mutwilligen Händen umgeworfen wurden. Sogar die Regierung liess es nicht an Versuchen fehlen, dem aufblühenden Fahrsport durch allerlei vexatorische Bestimmungen den Garaus zu machen, und zwar unter dem Vorwande, dass die Ohren des Königs, der Königin und des Adels durch das Wagengerassel beleidigt würden! So wurde z. B. in einem Erlasse angeordnet, dass in London, Westminster und den Vorstädten nur derjenige sich einer Kutsche bedienen dürfe, der vier kräftige Pferde zur Verfügung des Königs stelle. Es verdient übrigens hervorgehoben zu werden, dass dieselbe Regierung ein Edikt nach dem anderen zu dem Zwecke erliess, die rapid zunehmende Entwicklung der Hauptstadt innerhalb eng begrenzter Schranken zu halten. Doch ebenso gut hätte sie den Meereswogen Einhalt gebieten können. Londons Umfang nahm von Jahr zu Jahr gewaltigere Dimensionen an, und was die Kutschwagen anbelangt, soll deren Anzahl anno 1636 in London und Umgebung bereits 6000 Stück betragen haben.

Anfangs wurden diese Wagen nur von zwei Pferden gezogen. Bald aber erhielt der Adel das Privilegium vierspännig zu fahren und aus dem Viererzug machten die Grossen des Königs allmählich Sechser- und Achterzüge. Hierdurch erlitt der mit der Entwicklung der Hauptstadt Schritt haltende Massenverkehr selbstverständlich eine gewaltige Störung. Ausserdem erschien es unvereinbar mit der aristokratischen Würde, dass eine Kutsche in welcher vielleicht sechs Edelleute Platz genommen, von einem mit ebenso vielen Bierfässern beladenen Lastwagen aufgehalten werden konnte. Viele Mitglieder des hohen Adels begannen daher den weniger Platz in Anspruch nehmenden Sänften (Fig. 3) den Vorzug zu geben.

In Deutschland erschien die erste Karrosse mit Glasfenstern im Jahre 1610. Diese war für zwei Personen berechnet und soll später von der Infantin Maria von Spanien bei ihrer Vermählung mit Kaiser Ferdinand III. benützt worden sein.

Wie ungeheuer langsam sich der Fortschritt auf dem Gebiete des Wagenbaues vollzog, zeigt die Abbildung in Fig. 4, die

Fig. 3. Sänfte aus dem Jahre 1735 nach einer im British Museum befindlichen Abbildung.

eine Staatskutsche aus dem Jahre 1713 darstellt. Erst unter dem prachtliebenden französischen Könige Ludwig XVI. (1774—1793) sehen wir eine Wagenform entstehen, deren hochhängender

Fig. 4. Staatswagen aus dem Jahre 1713.

Kasten, Glasfenster, wendbares Untergestell und — allerdings nur aus Holz angefertigte — Federn, bereits die charakteristischen Kennzeichen unserer heutigen Galawagen erkennen lassen (Fig. 5).

Etwas später wurden von Deutschland die sog. „Berlines“

eingeführt, die auf S-Federn hingen. Indessen zeichneten sich sowohl diese, wie alle anderen aus jener Zeit herstammenden Wagen, durch die höchst unbequeme Konstruktion aus, dass der Kasten himmelhoch über dem Untergestell hing und man deshalb nur mit Beihilfe einer kleinen Leiter in das Innere des

Fig 5. Wagen König Ludwig XVI.

Wagens gelangen konnte. Der Kutscher sass so hoch, dass er in die erste Etage der Häuser hineinsehen konnte. Wäre er herabgefallen, hätte er den Hals gebrochen. Eine Folge dieser Wagenkonstruktion war, dass man sich genötigt sah, die Ein-

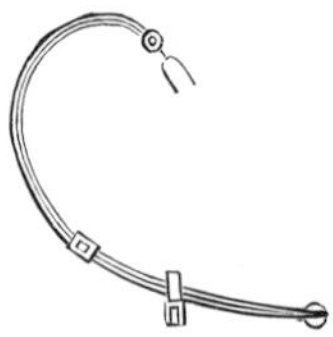

Fig. 6. C-Feder.

Fig. 7. Druckfeder.

fahrten der Paläste bedeutend zu erweitern und zu erhöhen. Nun konnten auch die 1786 erfundenen und von der Mode mit Begeisterung aufgenommenen „Cabriolets“, die eine Höhe von 20 Fuss hatten, aus den Höfen heraus und wieder in dieselben zurückgefahren werden.

Mit der zu Anfang unseres Jahrhunderts erfolgten Einführung der C-Federn (Fig. 6) macht sich jedoch eine Abnahme der schwindelnden Kastenhöhe bemerkbar, die durch die Erfindung der horizontalen oder Druckfedern (Fig. 7) noch mehr verringert wurde.

Dass die Wagenbaukunst im 18. Jahrhundert bereits eine sehr hohe Stufe erreicht haben muss, davon legen übrigens mehrere aus jener Zeit stammende, heute noch im Gebrauch stehende Staatswagen beredtes Zeugnis ab. Eine der schönsten Karrossen dieser Gattung ist der Prunkwagen der Königin Viktoria von England (Fig. 8). Bestellt wurde derselbe vom Könige Georg III. im Jahre 1762. Es war das eine Anschaffung, die

Fig. 8. Galawagen der Königin von England.

sich nur ein so reicher Hof wie es der englische ist, erlauben konnte, denn der Wagen kostete £ 7900 (= 158 000 Mk.), von welchem Betrage nicht weniger als £ 2500 (= 50 000 Mk.) auf die Schnitzereien entfielen. Allerdings war bei der Arbeit nach keiner Richtung hin gespart worden. Dies geht u. a. schon daraus hervor, dass alle an dem Wagenkasten vorkommenden Malereien dem Pinsel des berühmten Meisters Cypriani zu verdanken sind. Auf dem vorderen Felde ist die auf ihrem Throne sitzende Britannia zu sehen, wie ihr von der Religion, der Gerechtigkeit, der Weisheit, der Tapferkeit, der Grossmut, dem

Handel, dem Reichtum und der Siegesgöttin eine Lorbeerguirlande dargereicht wird. Im Hintergrunde hat der Künstler eine Ansicht von der Kirche St. Paul und der Themse angebracht. Auf dem rechten Wagenschlage erblickt man die Industrie und den Erfindungsgeist dem Genius von England huldigend. Die beiden Seitenfelder werden von der Geschichte und dem Frieden eingenommen; erstere verzeichnet Ruhmesthaten auf ihren ehernen Tafeln, letzterer verbrennt allerlei Kriegsgerät. Das rückwärtige Feld stellt den Triumphzug Neptuns und der Amphitrite dar. Auf dem rechten Wagenschlage halten Mars, Minerva und Merkur die Krone Grossbritanniens empor, während die beiden Seitenfelder den freien Künsten und der Wissenschaft gewidmet sind. Die unter dem Kutschbock angebrachten Figuren blasen in grosse Muscheln um das Nahen des über den Ozean herrschenden Monarchen zu verkünden. Zu beiden Seiten des für die Diener bestimmten rückwärtigen Fussbrettes befinden sich ebenfalls zwei Figuren; diese tragen von einem Dreizack gekrönte Fasces. Die Deichsel ist aus Lanzenbündeln geformt. Für die Räder lieferte der prunkreiche römische Triumphwagen das Vorbild. Besonders wirkungsvoll ist auch die aus acht Palmen bestehende Umrahmung des Wagenkastens, dessen Dach auf den Kronen dieser Bäume ruht. Mitten auf dem Dache selbst stehen die Figuren dreier Knaben, welche die Genien Englands, Schottlands und Irlands vorstellen und die Krone Grossbritanniens auf ihren Schultern tragen. Diese Figuren sind mit Lorbeerfestons geschmückt, die sich zu den vier Ecken des Wagendaches hinziehen.

Ausserordentlich kostbar ist natürlich auch die innere Ausstattung des Wagens, die mit ihrer verschwenderischen Benützung von scharlachrotem Sammet und Goldstickereien eine geradezu blendende Wirkung erzielt.

Dass eine solche Karrosse nicht leicht sein kann, liegt auf der Hand. Ihr Gewicht beträgt 3 tons (= 3048 Kilo), ihre Länge 24 Fuss, ihre Breite 8 Fuss 3 Zoll, ihre Höhe 12 Fuss und die Länge der Deichsel 12 Fuss 4 Zoll. Kein Wunder daher, dass sie eine Bespannung von 8 Pferden fordert. Bekanntlich werden zu diesem Dienst stets die „cream-coloured horses“ (Falben) hannoverscher Abkunft verwendet, die eine Spezialität des königlich englischen Marstalles bilden und deren Falbhaar vortrefflich zu dem reichvergoldeten, mit blauen Schleifen aufgeputzten Geschirr aus rotem Maroquin passt.

Sicher noch kostspieliger als der hier beschriebene Wagen

Fig. 9. Österreichischer Krönungswagen.

ist der Krönungswagen des kaiserlichen Hofes zu Wien (Fig. 9). Den wertvollsten Schmuck dieser schwer vergoldeten Prachtkarrosse, deren Bau bis auf den Kaiser Ferdinand II. (1578—1637) zurückgeführt wird und die schon in einem Buche aus der Zeit Karls VI. (1685—1740) abgebildet erscheint, bilden nämlich allegorische Malereien von Peter Paul Rubens. Im Vergleiche mit solchem Schmuck verblasst selbst das kostbarste Material, das die Meister der Wagenbaukunst älterer und neuerer Zeit verwendet haben um die Prachtliebe ihrer Auftraggeber zu befriedigen. Beim Gebrauche wird dieser Wagen auf spanische

Art mit sechs Schimmeln bespannt. Auf dem hinteren Sattelpferde reitet der Leibkutscher in spanischer Tracht, eine kurze Peitsche in der Hand; die mittleren Pferde hält auf jeder Seite ein Reitknecht an einem Handzügel, eine Reitgerte in der Hand, ebenfalls in spanischer Tracht gekleidet; der Vorreiter im spanischen Anzuge sitzt auf dem vorderen Sattelpferde.

Die Art und Weise der Bespannung und Begleitung ist zur Erinnerung an Kaiser Karl VI. bis auf den heutigen Tag dieselbe geblieben. Gelegentlich des feierlichen Einzuges der Braut des verewigten Kronprinzen Rudolf, der Prinzessin Stephanie von Belgien, in Wien, im Mai des Jahres 1881, war der Krönungswagen zuletzt im Gebrauch.

Wie aber eine Schwalbe keinen Sommer zu machen vermag, so gelang es auch den leicht gezählten Prachtkarrossen unserer Vorfahren nicht, in weiteren Kreisen belehrend auf das Equipagenwesen und den Fahrsport einzuwirken. Obwohl als Schaustück viel bewundert, war so ein schwerfälliger, vergoldeter Kasten doch wenig geeignet das grosse Publikum von seiner Bedeutung für das praktische Leben zu überzeugen. Dagegen lässt sich nicht in Abrede stellen, dass das bescheidene Mietfuhrwerk viel zur rascheren Entwicklung des Wagenbaues beigetragen hat. Nachdem die wohlhabenderen Klassen, dank dem Mietwagen, einmal Geschmack am Fahren gefunden hatten, war auch die Axt an das Equipagen-Privilegium der Edelleute gelegt.

In Paris gab es anno 1650 schon einen Lohnkutscher, der dem Publikum Wagen und Pferde mietweise überliess. Dieser Mann, dessen Namen, Nicolas Sauvage, die Nachwelt in dankbarer Erinnerung bewahrt hat, soll seinen Stall mit dem Bilde des heiligen Fiacre's geschmückt haben. Seitdem werden alle Pariser Droschken Fiacres genannt. Ungefähr gleichzeitig mit Sauvage eröffnete ein alter Seeoffizier in London ein Mietwagen-Geschäft. Seine Wagen erhielten den Namen „Hackneys“. Der gute Mann scheint indessen nicht lange allein und ungestört die Früchte seiner so überaus praktischen Idee genossen zu haben, denn wenige Jahre nachdem er diese zur Ausführung gebracht, zählte man nur in der City von London schon 1900 „hackney coaches". Mit der Beschaffenheit dieser Uranfänge der heutigen „Cabs" war es allerdings nicht weit her. Elende schmutzige Karren und noch elendere Bespannung. Letztere bestand, wie ein Schriftsteller der damaligen Zeit mitteilt, aus „gemeinen halbverhungerten Schindern, die einer so hochanständigen Stadt zur Schande gereichten und die unwürdig waren einen Standplatz in der Nähe des Königsschlosses zu erhalten."

Aller Wahrscheinlichkeit nach, bewog gerade die Armseligkeit jener öffentlichen Fuhrwerke manchen reichen Bürgersmann sich eine eigene Equipage anzuschaffen. Blieb ihm doch kaum etwas anderes übrig, wenn er auch fernerhin fahren und nicht wieder in die unbequeme Sänfte oder in den noch unbequemeren Sattel steigen wollte. Trotzdem machte die Fabrikation von Luxuswagen sowohl in quantitativer wie auch in qualitativer Beziehung nur sehr langsame Fortschritte. Ja, von einem wirklichen und allgemeinen Aufblühen dieses Industriezweiges kann eigentlich erst in unseren Tagen gesprochen werden. Sogar in England und Frankreich war der Wagenbau eines der letzten Gebiete, die dem von Jahr zu Jahr zunehmenden Luxusbedürfnisse der höheren Gesellschaftsklassen einen epochemachenden Aufschwung zu verdanken gehabt. Was England anbelangt, ist dies sehr erklärlich. Denn dort wurden in der Zeitperiode der grossen kontinentalen Kriege bis zum Jahre 1843 alle täglichen Bedarfsartikel, besonders aber jeder Luxusgegenstand, mit so hohen Steuern belegt, dass nur sehr reiche Leute sich eine stilvolle Equipage halten konnten. So betrug die Steuer für den Besitz von sechs vierrädrigen Wagen £ 6 per Stück, für acht derartige Wagen musste aber schon £ 8 16 sh bezahlt werden. Zweirädrige Wagen waren je nach ihrer Beschaffenheit mit einer Steuer von £ 3, 5 sh bis £ 4, 10 sh belegt. Die für ein Pferd festgesetzte Steuer von £ 1, 8 sh stieg im Verhältnis zur Anzahl der in dem betreffenden Stalle gehaltenen Pferde, bis jedes derselben £ 3, 3 sh 6 d kostete. Männliche Diener wurden nach denselben Grundsätzen besteuert, nur musste der Junggeselle, der sich einen Bedienten halten wollte, die höchste Steuer, £ 1, für diesen zahlen.

Unter solchen Umständen ist es nicht zu verwundern, dass selbst in dem reichen England die Anschaffung einer Equipage als ein nur sehr wenigen Personen zugänglicher Luxus betrachtet wurde. Eine Wendung zum Besseren in dieser Beziehung trat erst ein, als von 1842 bis 1870 eine progressive Ermässigung der drückenden Equipagensteuer zur Durchführung gelangte. Gegenwärtig wird diese Steuer wie folgt berechnet:

Luxuswagen, ob zwei- oder vierrädrig, im Gewichte			
		von über 200 Kilo	£ 2, 2 0
dto.	dto.	von unter 200 Kilo	£ 0, 15 0
Pferde per Stück			£ 0, 10 6
Diener per Kopf			£ 0, 10 6

In Frankreich waren es die Nachwirkungen der Revolutions- und Kriegsjahre, die bis in die dreissiger Jahre unseres Jahrhunderts keinen nennenswerten Equipagenluxus aufkommen liessen. Unter den Orléans begann jedoch Longchamps das Rendezvous der eleganten Pariser Welt zu werden und dort entfaltete sich denn auch bald ein lebhafter Korso, der viel dazu beigetragen hat den französischen Wagenfabrikanten Kunden aus aller Herren Länder zuzuführen. Noch glänzender gestaltete sich diese Sachlage unter dem zweiten Kaiserreich. Paris war damals in Wahrheit der Mittelpunkt Europas. Ein prachtliebender Hof, glänzende politische und materielle Verhältnisse, ein bisher unerhörter Zuzug von begüterten Fremden, lebhafter Wettkampf auf allen Gebieten des menschlichen Schaffens, grossartige staatliche und private Unternehmungen verschiedenster Gattung und noch andere Umstände bewirkten, dass zu jener Zeit in Paris das Geld sozusagen auf der Strasse lag. Es wimmelte dort förmlich von Millionären, die das „Leben und leben lassen“

zu ihrem Wahlspruch erhoben hatten. Legt man nun hierzu noch, dass das unter dem Zauberstab des Seinepräfekten, Baron Haussmann, zu feenhafter Schönheit emporblühende Paris mit seinen breiten Boulevards und seinem reizenden „Bois“ ein wahres El Dorado für den Liebhaber des Fahrsports geworden war, dass ferner die kaiserlichen Equipagen als Musterbilder vornehmer, korrekter Eleganz gelten konnten und Napoleon III., der selbst ein scharfes Auge für solche Dinge besass, die Leitung seines herrlichen Marstalls einem der hervorragendsten Fachmänner Europas, dem General Fleury, anvertraut hatte, so wird man es begreiflich finden, dass Paris unter dem zweiten Kaiserreich auch auf dem Gebiete des Equipagenwesens alle anderen Hauptstädte Europas weit überflügeln konnte. Leider dauerte diese Herrlichkeit nicht gar lange. Sie zerstob wie Spreu vor dem Sturmwinde, als die Débâcle mit ihren Schrecknissen hereinbrach, und obwohl heute mehr als ein Vierteljahrhundert seit den Tagen der Kommune dahingegangen ist, hat Paris seinen alten Rang noch nicht wieder eingenommen. Es fehlt eben der tonangebende Mittelpunkt um den sich die vornehme oder vornehm sein wollende Welt scharen könnte. Was man in dem Paris der Republik „die Gesellschaft“ nennt, ist nichts als eine Sammlung von Cliquen und Coterien, die sich einander fremd, wenn nicht gar feindlich gegenüber stehen und die vereinzelt weder das Ansehen noch die Mittel besitzen, eine führende Rolle in der Weltstadt zu spielen. Im Elysée aber thront ein für sieben Jahre gewählter Präsident, dem es schon aus politischen Gründen untersagt ist, grossen Luxus zu treiben. So war es denn auch nicht die Schuld des Monsieur Faure, dass die im vorigen Jahre ängstlich diskutierte Frage, ob er wohl im stand sein würde, dem russischen Kaiserpaare bei dessen Besuch in Paris einige anständige Equipagen zur Verfügung zu stellen, sich beinahe zu einer Staatsaffaire zuspitzte. Nichts kennzeichnet den Niedergang des Pariser Equipagenwesens besser als diese allbekannte Thatsache. Zur Zeit des Kaiserreiches hätte es dem

General Fleury nicht die geringste Verlegenheit bereitet gleich ein halbes Dutzend Kaiser und Könige zu empfangen.

In Wien dürfte die Kongresszeit (1814—1815) als der Anfang einer glänzenderen Aera für das Luxusfuhrwerk zu bezeichnen sein. So vielen gekrönten „Häuptern“ wie damals, haben die herrlichen Alleen und Auen des Praters wohl nie mehr Schatten und Erquickung gespendet, doch sorgten später die zahlreichen Mitglieder des Kaiserhauses, sowie die Angehörigen der reichbegüterten österreichischen, ungarischen und böhmischen Aristokratie dafür, dass die Praterfahrten nichts von ihrem Glanz einbüssten. Zu jener Zeit hatte eben das bekannte „Es giebt nur a Kaiserstadt, es giebt nur a Wien“ noch seine volle Berechtigung. Heute aber residiert der ungarische Adel in Budapest, der böhmische in Prag und dank der wüsten Hetzereien der sich gegenseitig in die Hände arbeitenden Antisemiten und Sozialdemokraten, wagt in Wien kaum jemand mehr durch Equipagenluxus Aufsehen zu erregen. Wäre nicht die Fürstin Metternich, die nach dem Zusammenbruch des zweiten Kaiserreiches den Schauplatz ihrer rastlosen Thätigkeit auf dem Gebiete der Fashion von Paris nach Wien verlegt hat — die seit Urgrossvaters Zeiten traditionelle Praterfahrt am 1. Mai hätte wohl schon lange wegen Mangel an Teilnehmern eingestellt werden müssen. So fest gewurzelt aber ist in den Ländern der österreichisch-ungarischen Monarchie der Sinn für vornehmes Fuhrwerk und schneidiges Fahren, dass Wiener Wagen, Wiener Geschirre und Wiener Jucker noch immer das Auge des Kenners erfreuen. Nur diejenigen Wagentypen, die zu ihrer Bespannung des Karrossiers bedürfen, werden von Jahr zu Jahr seltener und dürften wohl bald, bis auf einige vom kaiserlichen Hofe und von den fremden Botschaftern benützte Exemplare, gänzlich von der Bildfläche verschwinden.

Dieser Rückschritt in der Beschaffenheit und den Zahlenverhältnissen des Wiener Luxusfuhrwerks ist, wie wir soeben bemerkt haben, hauptsächlich auf die Trübung der sozialen und geschäftlichen Lage in der früher so glänzenden Kaiserstadt zurückzuführen. Indessen hat auch die ausserordentliche Beliebtheit, welcher sich der über jedes Lob erhabene Wiener Fiaker mit Recht erfreut, nicht wenig dazu beigetragen, dass eine elegante Privatequipage nach der anderen abgeschafft worden ist. Sogar viele Mitglieder der Aristokratie halten sich heutzutage lieber ihren „Unnumerierten", der Tag und Nacht zu ihrer Verfügung steht, als dass sie sich die mit dem Besitz einer eigenen Equipage verknüpften Sorgen aufbürden. Der Fiaker ist immer da; er selbst, sein Wagen, seine Pferde und Geschirre entsprechen mit Bezug auf Eleganz und Sauberkeit stets den höchsten Anforderungen; von Schonung des ganzen „Werkls" ist nie die Rede; im Gegenteil, je schärfer er seinen „Gavlier" fahren darf, desto stolzer fühlt sich der Mann auf dem Bocke. Wird ihm ein Pferd lahm, so stellt er ein anderes ein, und „ob schön, ob Regen", den übernommenen Verpflichtungen mit unwandelbarer Treue und nie versagender guter Laune bis auf das Tüpfelchen über dem i nachzukommen, betrachtet er als eine Ehrensache, denn ihm ist sein oft schwerer Beruf nicht lästiger Herrendienst, sondern fescher, fröhlicher Sport.

Das sind allerdings Vorzüge, die, wenn sie den vielen Plackereien, denen der Besitzer einer Privatequipage ausgesetzt ist, entgegengestellt werden, sehr schwer in die Wagschale fallen. Noch dazu gilt es als sehr „chic" sich einen „Unnumerierten" zu halten. Man wird es daher dem Wiener kaum übel nehmen können, dass er seinem unübertrefflichen Fiaker, der zweifellos zur Klasse der Luxusfuhrwerke gehört, den Vorzug vor der eigenen Equipage einräumt. Dem Publikum der Praterfahrten wie auch den Wagenfabrikanten mag dies bedauerlich erscheinen, praktisch ist es jedenfalls.

Ähnliche Verhältnisse haben sich übrigens auch in London herausgebildet, nur stellen die dortigen sog. „Jobmasters" ihren Kunden keine Cabs, sondern herrschaftliche Wagen mit korrekt adjustierten Kutschern zur Verfügung. Das vom „Jobmaster" gemietete Fuhrwerk soll also auch mit Bezug auf die äussere Erscheinung und Ausstattung vollständigen Ersatz für die eigene Equipage bieten, wohingegen dem Wiener Fiaker nichts ferner liegt als seine von ihm selbst und seinen Patronen hoch geschätzte Eigenart zu verleugnen. In ihrer Einwirkung auf das private Fuhrwerk aber gleichen sich der „Jobmaster" und der Fiaker vollständig: sie gehen beide darauf aus, die im herrschaftlichen Besitz stehende Equigage gänzlich zu verdrängen.

Das deutsche Luxusfuhrwerk steht leider noch auf einer so niedrigen Stufe, dass wir es am liebsten ganz mit Stillschweigen übergehen möchten. In neuester Zeit sind allerdings in Berlin Versuche gemacht worden durch „Concours hippiques", Korsofahrten u. dgl. belebend und reformierend auf das arg zurückgebliebene Equipagenwesen einzuwirken, doch sind diese viel zu jungen Datums als dass sie schon greifbare Resultate hätten zu Tage fördern können. In der Millionenstadt — oder sagen wir in der Stadt der Millionäre — lassen sich die in jeder Beziehung tadellos zusammengestellten Equipagen an den Fingern abzählen. Wenn wir annehmen, dass deren Zahl das Dutzend erreicht, so übertreiben wir sicher nach der günstigen Seite hin. An guten und leistungsfähigen Wagenfabriken herrscht ja in Deutschland durchaus kein Mangel. Was hilft aber der schönste und modernste Wagen, wenn bei der Zusammenstellung der Gesamt-Equipage die gröbsten Schnitzer begangen werden? Und das ist bei uns, Gott sei's geklagt, die Regel, nicht wie es sein sollte die sofort erkannte, scharf und sachgemäss kritisierte Ausnahme.

Von dem deutschen Mietfuhrwerk wollen wir gar nicht reden. Das Schönste was dieses zu leisten vermag, ist der himmelblaue Brautwagen, bei dessen Anblick man nicht weiss, was man mehr be—wundern soll: die überall angebrachten versilberten Tauben, den bärtigen, ebenfalls himmelblauen Kutscher, die wunderbaren Geschirre oder die der Feier zu Ehren thunlichst herausgeputzten Ex-Carrossiers, denen die erhebende Aufgabe zu teil geworden „Cäsar und sein Glück" zum Standesamt zu befördern.

Nun, wenn es auf dem Gebiete des Equipagenwesens nichts zu bessern und zu lernen gäbe, so hätten wir nicht zur Feder gegriffen. Anstatt weiter zu kritisiren, wollen wir daher lieber die vorstehenden geschichtlichen Betrachtungen in dem Wunsche ausklingen lassen, dass alles was wir hier getadelt oder noch tadeln könnten, in nicht zu ferner Zukunft jede Aktualität verlieren und von dem freundlichen Leser berechtigter Weise als historische Curiosa belächelt werden möge.

Die Gala-Equipage.

Wir brauchen wohl kaum hervorzuheben, dass wir für die Besitzer von Privat-Equipagen und nicht für die Leiter kaiserlicher, königlicher oder fürstlicher Marställe schreiben. Es versteht sich daher von selbst, dass wir uns in dem vorstehenden Kapitel nur mit der Gala-Equipage solcher Herrschaften beschäftigen werden, denen amtliche Würde oder hoher Rang die Verpflichtung auferlegt, sich bei feierlichen Auffahrten eines Staatswagens zu bedienen.

Zunächst haben wir da zu bemerken, dass auch die Wagen dieser Gattung nicht eine einzige Klasse bilden, sondern in ihrer Bauart und Ausstattung den bald grösseren bald geringeren Ansprüchen der betreffenden Würdenträger angepasst werden können. Die vornehmste, deshalb aber auch nur in wenigen Exemplaren vorhandene Wagenart der hier in Rede stehenden Kategorie, ist die dem Krönungswagen nachgebildete Gala-Glaskutsche (Fig. 10). Derartige Karrossen, deren Anschaffung, stilgerechte Bespannung und sonstige Ausstattung natürlich mit ausserordentlich hohen Kosten verbunden ist, kommen nur bei besonders feierlichen Gelegenheiten, wie z. B. Krönungen, zum Vorschein. Häufiger sind sie in London zu sehen, wo sie bei den alljährlich stattfindenden Auffahrten des Lord Major's nie fehlen dürfen.

Der in Fig. 10 abgebildete Wagen wurde im Jahre 1887 von der Londoner Wagenbau-Firma Offord and Sons, Limited, 67

George Street, Portman Square, für den damaligen Lord Major, Sir Polydore de Keyser, erbaut. Mit Recht von allen Kennern als das Schönste bezeichnet, was die moderne Wagenbaukunst hervorgebracht, bildete diese Prachtkarrosse die Hauptsehenswürdigkeit der jüngsten im Londoner Crystal-Palace stattgefundenen Wagen-Ausstellung. Der Kasten ruht auf C- und Druckfedern und hat einen mit Schwanenhals versehenen doppelten Langbaum aus Stahl, der selbst in den engsten Strassen der City ein fliessendes Wenden gestattet. Die Verzierungen

Fig. 10. Gala-Glaskutsche.

des Kastens, alle aus vergoldeter Bronce angefertigt, zeichnen sich ebenso sehr durch solide Ausführung als durch den künstlerischen Geschmack aus, der in der ganzen Anlage zu Tage tritt. Dasselbe gilt mit Bezug auf die vier prachtvollen Laternen. Zu der inneren Bekleidung des Wagens ist mit Gold durchwebter blauer Atlas verwendet worden.

Eine derartige Kutsche kann sowohl vier- wie auch zweispännig gefahren werden. In der Regel ist letzteres der Fall; stets aber muss die Bespannung aus Karrossiers der grössten und edelsten Sorte bestehen. Unter 168 cm dürfen diese keinenfalls messen. Je mehr Adel sie mit der unentbehrlichen Mächtigkeit der Formen vereinigen, umso besser werden sie sich ausnehmen.

Langschweife sind zwar von der Etikette für die Bespannung aller Karrossen antiker Form vorgeschrieben, gehören aber nicht vor den modernen Galawagen. Hier genügt es vollkommen, wenn der Schweif bis zu dem Winkel zwischen Ober- und Unterschenkel herabreicht. Kurz gestutzt oder gar coupiert darf er allerdings unter keiner Bedingung sein; das wäre ein arger Verstoss gegen die Etikette. Was die Haarfarbe anbelangt, ist Braun in allen Schattierungen, mit schwarzen Extremitäten die beliebteste, jedoch gelangen auch vielfach Rappen und Schimmel zur Verwendung. Füchse dagegen sind nicht zu empfehlen; ebenso eignen sich Pferde mit grösseren Abzeichen nicht für das Galagespann. Kleinere Abzeichen lassen sich ja heutzutage leicht mit etwas Haarfarbe unsichtbar machen. Dieses Mittel wird auch stets anzuwenden sein, wenn man ein im übrigen gut zusammengestelltes Gespann nicht wegen einer kleinen Blässe oder eines weissen Fessels auseinanderreissen will. Dass die Pferde unbedingt in Farbe und Grösse genau zu einander passen müssen, braucht wohl nicht besonders hervorgehoben zu werden. Kaum weniger wichtig aber ist es, dass sie sich durch ein ruhiges Temperament, vollendete Dressur, stolze Haltung und hohe Knieaktion auszeichnen. Ein Karrossier der nicht treten kann, ist eben kein echter Karrossier, sondern nur ein grosses Zugpferd, das seinen Hafer durch bescheidenere Dienstleistungen wird verdienen müssen. Vor dem Galawagen ist sein Platz jedenfalls nicht. Schlechte Schweifträger reiht man bekanntlich auch nicht gerne in ein vornehmes Gespann ein. Dieser Fehler ist jedoch durch die subkutane Myotomie des Schweifes ziemlich leicht und sicher zu beseitigen. Ein sonst vorzüglich für das Galafuhrwerk geeignetes Pferd sollte daher wegen Niedrig- oder Schieftragen des Schweifes nicht ohne weiteres verworfen werden.

Den Pferdetypus, den wir mit vorstehender Beschreibung im Auge gehabt, findet der Leser in Fig. 11 wiedergegeben. Dieses Pferd ist auch mit dem bei höchster Gala obligatorischen Mähnenschmuck versehen und trägt stilgerechtes Paradegeschirr.

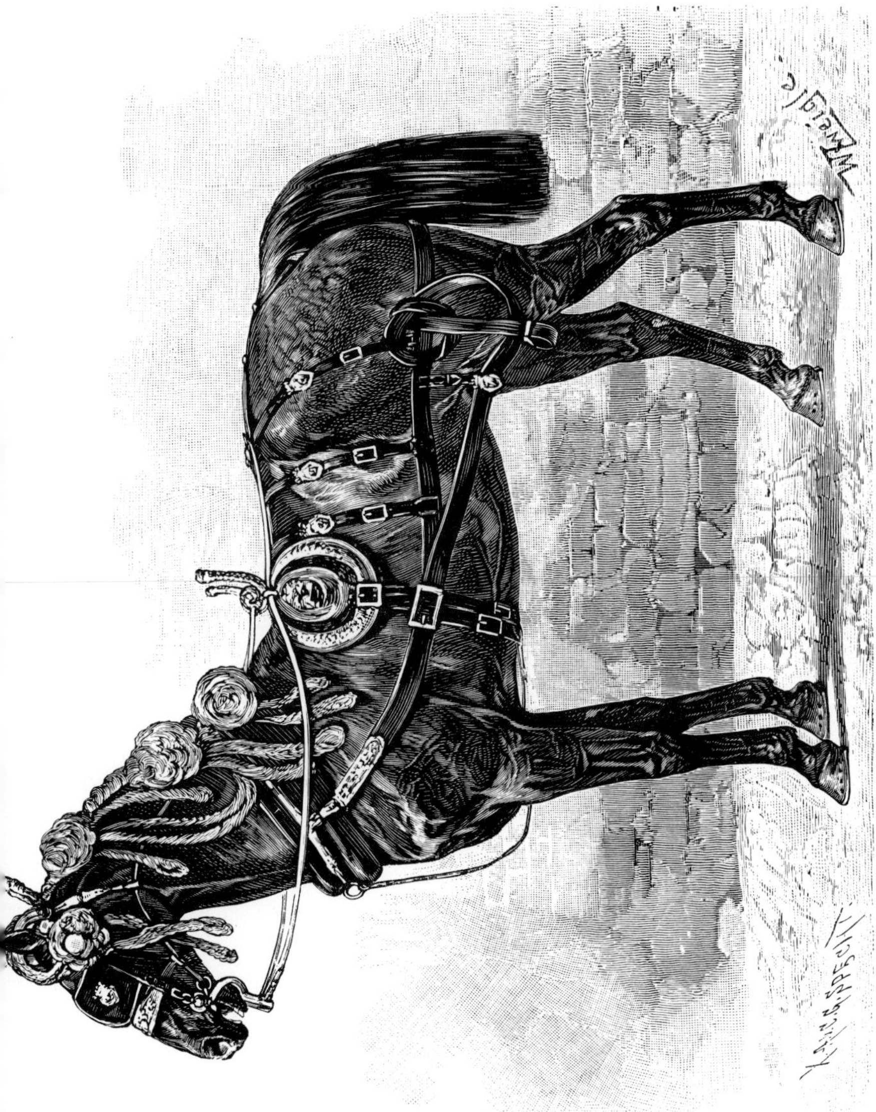

Fig. 11. Grosser Karrossier mit Pracht-Galageschirr.

Charakteristisch für letzteres sind der reiche und kunstvolle Beschlag, das schwere Kandarengebiss, die mit Metall eingefassten Scheuleder, das umfangreiche Hinterzeug, die kleinen galonierten Decken unter den Kammdeckeln und die bunten Zeugleinen.

Fig. 12. Alfred Wight, Leibkutscher des Lord Major's in London.

Sielengeschirr, obwohl für alle nach historischem Vorbilde zusammengestellten Galafuhrwerke das einzig richtige, passt nicht zu dem Staatswagen moderner Bauart. Das auf unserem Bild dargestellte Pferd trägt daher auch ein schwer beschlagenes Kummet.

Bei der Wahl des Beschlages wird natürlich die Frage ob silberplattiert oder vergoldete Bronze, nur bei genauer Berücksichtigung der Wappenfarben des Besitzers eine richtige Lösung finden können. Wer es aber irgend kann, der wähle gelbes Metall, denn dieses verleiht dem Geschirr ein weit reicheres, aristokratischeres Aussehen als das silberplattierte.

Die Livree der Bedienung besteht in gepuderter Perücke, Dreispitz mit breiter Goldtresse und Straussenfedern, galoniertem Leibrock mit rundgeschnittenen Schössen und Fangschnüren (in England wird die Galalivree vielfach auch mit

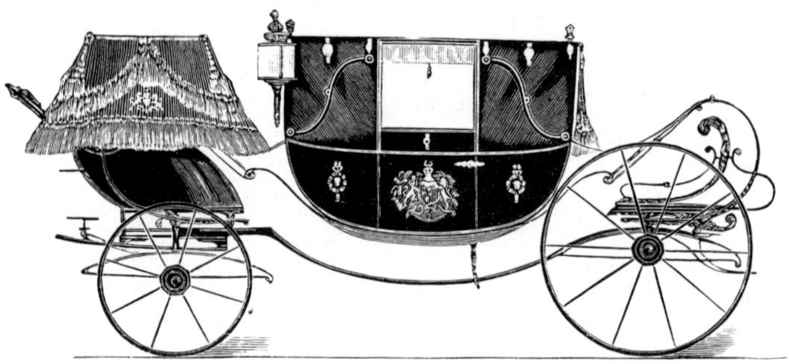

Fig. 13. Viersitzige Staats-Kalesche.

Epauletten geschmückt), langer, galonierter Weste, Kniehosen aus Sammet oder Plüsch, seidenen Strümpfen und lackierten Schnallenschuhen. Im Winter erhält die Bedienung reiches Pelzwerk.

Wie sich eine solche Livree ausnimmt, zeigt das nebenstehende Portrait des Mr. Alfred Wight, Leibkutschers des Lord Major's von London (Fig. 12).

Zu den Galafuhrwerken gehören auch die viersitzige Staatskalesche (Fig. 13) und das zweisitzige „Chariot“ (Fig. 14), obwohl sie nur als eine bescheidenere Unterabteilung derselben zu betrachten sind. Wagen dieser Gattung werden z. B. die fremden Botschafter bei den häufig vorkommenden Auffahrten zu Gala-Couren, und anderen grösseren Hoffestlichkeiten benützen, wohingegen Prachtkarrossen der in Fig. 10 abgebildeten Art nur bei den verhältnismässig seltenen Gelegenheiten zur Verwendung gelangen, welche die Entfaltung des grösstmöglichen Pomps rechtfertigen.

Diesem veränderten Zwecke entsprechend, zeigen auch die zu den Galawagen modernen Schlages benützten Geschirre eine etwas einfachere Form und Ausführung. Sie sind allerdings noch immer reich beschlagen, aber doch von einem leichteren Modell

Fig. 14. Chariot.

als das weiter oben beschriebene Prachtgalageschirr. Ferner fehlen der Mähnenschmuck, die Scheuledereinfassung von Metall und die bunten Zeugleinen, welch letztere durch Fahrzügel von gelbem Leder ersetzt worden sind. Mit der Livree verhält es sich ähnlich; sie verrät deutlich das Bestreben sich dem modernen Geschmacke anzupassen. Der Dreispitz ist nicht mehr obligatorisch; die Perücke auch nicht; doch wird man immerhin gut thun, diese altväterischen Toilettenstücke für alle festlichen Auffahrten beizubehalten, denn dass hierdurch der ganzen Equipage ein besonders vornehmes Gepräge verliehen wird, lässt sich nicht in Abrede stellen. Solch ein Dreispitz zweiter Garnitur darf aber nicht so umfangreich wie derjenige sein, der das Haupt des würdigen Mr. Wight ziert, auch trägt er keinen Federnschmuck, sondern genügt eine Einfassung mit goldener oder silberner Borte. Weitere zulässige Vereinfachungen der Livree bestehen darin, dass Fangschnüre und eine geschmackvolle nicht überreiche Galonierung die einzigen Verzierungen des Leibrockes bilden und die seidenen Strümpfe lichten Tuchgamaschen weichen, oder wenigstens weichen dürfen.*) Weisse

Fig. 15. Barouche.

Handschuhe sind jedoch auch zu dieser Livree de rigueur.

Von der Livree zu dem Träger derselben, dem Kutscher überzugehen, liegt nahe zur Hand. Es lässt sich dies ausserdem kaum vermeiden, denn eine leicht zu übersehende Nebenfigur ist der hoch oben auf seiner gestickten Bockdecke thronende Lenker einer Galaequipage jedenfalls nicht. Wenn unser Auge auf einen Vertreter dieser Berufsklasse fällt, gedenken wir immer unwillkürlich des bekannten Ausspruches Brillat-Savarin's: „On se fait cuisinier, on nait rôtisseur." Leibkutscher kann

*) N.B. nur in den nordischen Ländern, Deutschland mit inbegriffen.
Anmerkung des Verfassers.

nämlich auch nur derjenige Rosselenker werden, der das Zeug dazu mit auf die Welt gebracht. Das bisschen Fahren lernt wohl bald Einer, dem es ernstlich darum zu thun ist; doch was hilft ihm alle Fahrkunst, wenn er nicht auch ein feistes, glänzendes Vollmondsgesicht, ein stattliches Bäuchlein, stramme Waden und eine Höhe von mindestens 5 Fuss 9 Zoll aufzuweisen vermag? Er ist dann nicht zum Leibkutscher geboren und weder der Dreispitz noch die Perücke werden ihm je aufs Haupt gestülpt werden. Das mag ihm und anderen als eine schreiende Ungerechtigkeit, als ein auf frivole Modenarrheit zurückzuführender Eingriff

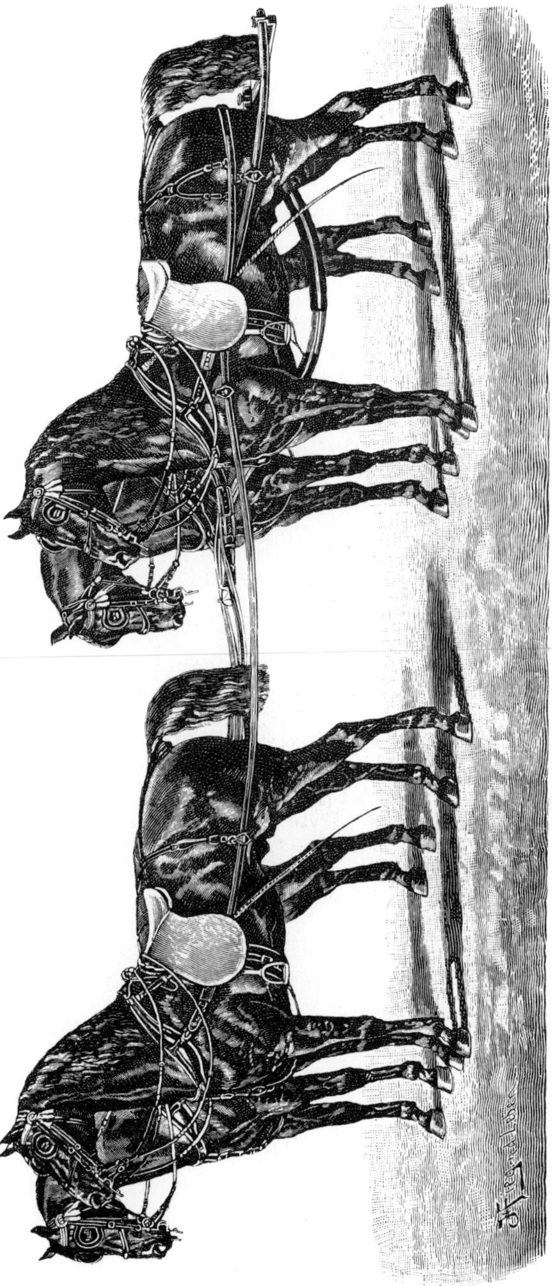

Fig. 16. Anspannung à la Daumont.

in die heiligsten Menschenrechte erscheinen, aber es ist nun einmal so und wird wohl auch noch recht lange so bleiben. Kutscher, die von dem Ehrgeize beseelt sind, die höchste Sprosse ihrer Berufsleiter zu erklimmen, werden daher das Ziel ihrer Wünsche nur dann erreichen, wenn sie grosse Vorsicht bei der Wahl ihrer Eltern entwickelt haben. Die Etikette geht überhaupt ziemlich rücksichtslos mit den Herren Rosselenkern um; ist ihnen doch der Bartschmuck nur bei solchen Herrschaften gestattet, die sich mit souveräner Gleichgültigkeit über alle Erlässe jener strengen Dame hinwegsetzen. Es lässt sich eben nicht in Abrede stellen, dass der Kutscher einen sehr wichtigen Bestandteil der, zumal bei Gala- und Korsofahrten, in erster Reihe als Mode- und Schaustück zu betrachtenden Equipage bildet; wer es haarsträubend findet, dass der Eine seinem Johann das Rasiermesser in die Hand drückt oder der Andere eine gewisse Leibesfülle von ihm verlangt, wird somit konsequenter Weise jede der Mode und den wechselnden Schönheitsbegriffen gemachte Konzession verdammen müssen. Und das kann ihn weit führen.

Zur offenen Gala eignet sich vorzugsweise die hochvornehme „Barouche“ (Fig. 15) mit vierspänniger Anspannung à la Daumont (Fig. 16). Diese Anspannung besteht darin, dass der dasselbe bildende Viererzug von zwei auf den Sattelpferden reitenden Vorreitern geleitet wird. Die Sattelpferde erhalten hierbei mit Wegfall der Aufsatzzügel gewöhnliche Trensen- und Kandarenzügel, wohingegen die Handpferde ihre Aufsatzzügel beibehalten und zur rechten Hand mit Stell-, zur Linken mit Führzügel für den Reiter versehen werden. Die Verbindung zwischen den Vorder- und Stangenpferden wird bei der Anspannung à la Daumont nicht vermittelst einer Vorlegewage zuwege gebracht, sondern man pflegt die Stränge der Vorderpferde an die Strangschnallen der Stangenpferdegeschirre zu befestigen. Da kein Kutscher beim Fahren à la Daumont benötigt wird, fehlt selbstverständlich auch

Fig. 17. Equipage à la demi Daumont.

der Kutschbock auf dem zu solcher Anspannung benützten Wagen.

Die Vorreiter, in England „Outriders“ genannt, müssen kleine, leichte Leute sein, die das Englischtraben gründlich erlernt haben. Mit Bezug auf ihre Kleidung gilt die Vorschrift, dass dieselbe aus einer reich betressten samtenen Jockeymütze, gepuderter Perücke, samtener, reich galonierter Jacke, enganliegenden weissen Lederhosen, Stulpenstiefeln und Anschnallsporen zu bestehen habe.

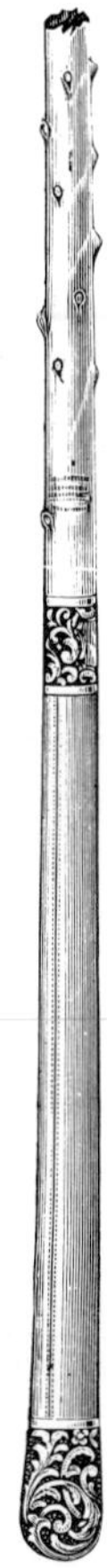

Fig. 18. Peitsche für Gala-Fuhrwerke.

Zwischen ganzem und halbem (demi) Daumont herrscht kein anderer Unterschied, als dass letzterer nur mit zwei Pferden gefahren wird. Im übrigen ist die Anspannung dieselbe (Fig. 17). Es sei jedoch sogleich bemerkt, dass die Equipage à la demi Daumont, obwohl ausserordentlich elegant und vornehm, nicht eigentlich zur Klasse des Galafuhrwerkes gehört, sondern ihre richtige Verwendung hauptsächlich bei Korsopromenaden festlicher Natur, Fahrten zu den klassischen Rennen, Truppenrevuen und ähnlichen Gelegenheiten findet.

Galazüge zu 6 oder 8 Pferden bekommt man heutzutage selbst bei den feierlichsten Anlässen und an den reichsten Höfen nur ganz ausnahmsweise noch zu sehen. Wir glauben daher diese Anspannungsarten um so eher mit Stillschweigen übergehen zu können, als auch der höchste Würdenträger — vom Privatmann gar nicht zu reden — sich ihrer für seine Galaequipage niemals bedienen wird. Dagegen halten wir es nicht für überflüssig, die Besitzer von Galaequipagen auf den, weil anscheinend bedeutungslos, vielfach übersehenen Umstand aufmerksam zu machen, dass kein zur Ausstattung derartiger Equipagen gehörender Gegenstand, also auch die Peitsche nicht, durch Unscheinbarkeit oder Stillosigkeit, den vornehmen Eindruck des Gesamtbildes beeinträchtigen darf. Dem Lenker einer Staatskarrosse wird daher kein Sachverständiger eine Peitsche in die Hand geben, die den Stempel eines vulgären Dutzendfabrikates an sich trägt. Das Handstück der Galapeitsche muss mit einem künstlerisch ausgeführten, ziselierten Griff (in Silber zu weissem, vergoldet zu gelbem Geschirrbeschlag) versehen sein und einen Stock von der feinsten Qualität aufweisen (Fig. 18). Eine solche Peitsche, wenn von den weltberühmten Firmen Swaine & Adeney, Piccadilly, London, und W. & G. Ashford, Essex und Kent Streets, Birmingham, bezogen, kostet allerdings mindestens 50 Mark, doch wer wird vor dieser Ausgabe zurückschrecken, wenn es gilt Ehre mit einer Galaequipage einzulegen. Prunk und Sparsinn — das giebt eine Mischung wie Tokayer und Fliederthee. Normal veranlagten Menschen pflegt diese nicht zu munden.

Vierspännige Luxus-Equipagen.

Unter den zu dieser Klasse gehörenden Fuhrwerken verdienen die Coach, der Char-à-bancs, der Break und der Kutschierwagen, in erster Reihe genannt zu werden.

Die Coach (Fig. 19 und 21), auch Mail-Coach und Drag genannt*), ist englischen Ursprungs, doch soll ihre Entstehung auf den Unternehmungsgeist eines Deutschen und zwar eines biederen Pommern zurückgeführt werden können, der im Jahre 1610 mit hoher obrigkeitlicher Bewilligung einen regelmässigen Postwagenverkehr zwischen Edinburgh und Leith eröffnete. Diese ersten Diligencen besassen allerdings nur sehr geringe Ähnlichkeit mit den eleganten und komfortablen Mail-Coaches unserer Tage. Wie aus einem 1616 in Antwerpen erschienenen Bilde von Vischer entnommen werden kann, waren es ausserordentlich schwere und unbequeme Wagen ohne Federn, in welchen etwa 6—8 Personen Platz hatten. Aus diesen primitiven Anfängen hat sich aber dennoch der gewaltige Verkehr entwickelt, der gegenwärtig trotz der zahllosen Eisenbahnlinien in England von öffentlichen und privaten Coaches besorgt wird. Ohne Unterbrechung ist jene Entwickelung indessen nicht vor sich gegangen. Vom Jahre 1862 bis 1866 war sogar keine einzige Coach in London zu sehen. Seither aber hat sich die Zahl der englischen Coaches stetig vermehrt. Dies ist zum grossen Teil der Thätigkeit der in

*) Mail-Coach wird die öffentliche, Drag die private Coach genannt.
Anmerkung des Verfassers.

London bestehenden Fahrklubs zu verdanken, die es sich zur Aufgabe gemacht, das Vierspännigfahren in Flor zu bringen. Der exklusivste dieser Klubs ist der „Four-in-Hand Driving-Club", der sein jährliches Meeting am Mittwoch vor dem Derby beim Pulvermagazin im Hyde Park abzuhalten pflegt. Der jüngere und nicht ganz so aristokratische „Coaching-Club" dagegen, thut es nicht unter zwei Meetings, von welchen in der Regel das erste am Samstag vor dem Derby und das zweite kurz

Fig. 19. Mail-Coach.

nach den Ascotrennen auf dem Paradeplatz der Horse-Guards stattfindet. Welch grossartiges Schauspiel diese Auffahrten gewähren, wird am besten durch die Thatsache beleuchtet, dass der Coaching-Club bei seinem vorjährigen Meeting mit 38 Drags am Rendezvousplatze erschien! Legt man nun zu dieser Anzahl noch die 18—20 Coaches des Four-in-Hand-Club, so wird man, auch wenn man die Regimentskutschen der Garderegimenter ganz ausser Rechnung lässt, die Gesamtzahl der Londoner Privatfuhrwerke hier in Rede stehender Gattung auf nicht weniger als 60 Stück schätzen können. Von den Offizierskorps der verschiedenen englischen Reiter- und Artillerieregimenter werden in Summa ca. 40 Drags gehalten. Ausserdem verkehren noch zahlreiche öffentliche Mail-Coaches von London nach Brighton, Hampton Court, Reigate, Esher, Oatlands Park und anderen Plätzen. Es kann daher nicht überraschen, dass die berühmte Londoner Wagenbaufirma Holland and Holland im vorigen Jahre nur in London durch 36 Coaches vertreten war. Andere, ebenfalls bei den Klubs in hohem Ansehen stehende Firmen sind: Peters & Co., Hooper & Co., F. & R. Shanks, Hy. Whitlock und Barker & Co.

Coaching-Clubs gehören indessen nicht mehr zu den spezifisch englischen Institutionen, sondern haben sich solche Vereine auch in Paris und New-York gebildet. Die Amerikaner schmeicheln sich sogar, dass ihre Drags die europäischen Vorbilder in jeder Beziehung überflügelt haben. Wie es sich hiermit in Wirklichkeit verhält, vermögen wir leider nicht auf Grund eigener Beobachtungen anzugeben. Wir können nur konstatieren, dass dem sportlustigen „Bruder Jonathan“ die Konkurrenz mit den „Turnouts“ der Pariser „Société des Guides“ nicht allzu schwer fallen dürfte. Diese Gesellschaft hält alljährlich ein Meeting auf der Rennbahn zu Auteuil ab, wo dann der Wettkampf um den „Prix des Drags“ stattfindet. Der Sammelplatz zu dieser Ausfahrt ist „la Place de la Concorde“. Diese Coachparade wird als eine besonders festliche Programmnummer der Pariser Saison angesehen. Im Vorjahre konkurrierten 21 Drags um den ausgesetzten Preis. Gewiss eine stattliche Zahl. Doch leider liess die Qualität sehr viel zu wünschen übrig. Nicht mit Unrecht bemerkte ein anwesender Fachmann, dass nichts den Verfall des französischen Luxusfuhrwerks schärfer beleuchten könne, als jene mit grossem Pomp in Scene gesetzten Fahrparaden. Thatsächlich waren mehrere der zur Stelle gekommenen Viererzüge sehr mangelhaft zusammengestellt und nur wenige Pferde zeigten den richtigen Coachertypus. Auch an den Wagen, Geschirren und Livreen vermisste man vielfach die bei einer

Equipage so anspruchsvoller Natur doppelt notwendige Eleganz und Harmonie. So sah man z. B. auf einem der Wagen anstatt der zwei Grooms, die auf jede Privatcoach gehören, einen baumlangen, wie der Kondukteur einer öffentlichen Mail-Stage-Coach gekleideten Kerl, der mit seinem bis über die Kniee reichenden drabfarbigen Überrock und seinem weissen Filzhut allgemeines, wenn auch nicht gerade schmeichelhaftes Aufsehen erregte. Typisch und originell ist nur der französische Postzug (Fig. 20) mit

Fig. 20. Französischer Postzug.

seinen brillant tretenden Percherons und den in altfranzösischen Uniform gekleideten Postillonen. Seit dem Zusammenbruch des Kaiserreiches ist derselbe aber nahezu gänzlich von der Bildfläche verschwunden, und auch die höchste Aristokratie bedient sich bei Jagdfahrten nicht mehr wie ehedem der reizenden nationalen Anspannung „à la poste“, sondern hält sich mit mehr oder weniger Geschick an das englische Vorbild.

Übrigens zählen recht bedenkliche Verstösse gegen die für den Coachingsport geltende Etikette auch in London keineswegs zu den Seltenheiten. Speziell ist es uns aufgefallen, dass dort häufig die Stränge der Vorderpferde mindestens um ein

Loch zu lang und die Kreuzzügel unrichtig geschnallt werden. Angenehm fahren lässt sich ein Viererzug mit einer solchen Anspannung natürlich nicht. Kritische Beobachter werden ferner die Bemerkung machen, dass besonders die jüngere Generation der englischen Herrenfahrer sich nicht recht klar über die beim Vierspännigfahren vorgeschriebene Haltung zu sein scheint. Bekommt man doch im Hyde Park oft genug Fahrer zu sehen, die mit ihrem krummen Rücken, den übermässig gebogenen Knieen und den weit vorgestreckten Händen lebhaft an eine melkende Kuhmagd erinnern. Fahrkünstler, wie es z. B. Lord Londesborough einer ist, bilden eben in London wie an allen anderen Orten nicht die Regel, sondern die Ausnahme.

Nach diesen einleitenden Bemerkungen gehen wir zu den Eigenschaften über, die von einer eleganten und korrekt gebauten Coach gefordert werden müssen. Wer sich in der angenehmen Lage befindet, seine Wagen von den besten Londoner oder Pariser Firmen beziehen zu können, dem brauchen diese Detailfragen allerdings nicht viel Kopfzerbrechen zu verursachen. Sich blind auf die Solidität und den Geschmack seiner Lieferanten zu verlassen, ist aber nicht jedermanns Sache. Es dürfte daher so manchem Anhänger des Fahrsports wünschenswert erscheinen, näheres über die Punkte zu erfahren, auf welche der Liebhaber bei der Auswahl einer Coach vor allem zu achten hat.

Zunächst empfehlen wir den Wagen auf einem ebenen Platz aufstellen zu lassen. Hiermit wird der Zweck verfolgt, konstatieren zu können, ob, wenn die Achsen vollkommen parallel zu einander stehen, dasselbe bei den Rädern der Fall ist. Diese Lage der Vorder- und Hinterachsen ist gewährleistet, wenn die Entfernung von dem Mittelpunkt der Vorderachse bis zum Mittelpunkt der Hinterachse auf beiden Teilen des Wagens genau die gleiche ist. Nachdem dies festgestellt worden, wird nachgemessen, ob die Deichsel im rechten Winkel zu den Achsen und im Mittelpunkt des Vorderwagens steht. Nicht minder wichtig ist es, sich Gewissheit darüber zu verschaffen, ob die Vorder- und

Hinterräder parallel zu einander laufen und auf jeder Seite dieselbe Spurweite zeigen. Voraussichtlich wird mancher Leser meinen, dass dies Einzelheiten seien, die man getrost dem Wagenbauer überlassen könne. Der Fachmann jedoch dürfte wie wir der Ansicht huldigen, dass die beste Garantie gegen mehr oder weniger grobe Fehler in der Konstruktion solcher Wagen, die nicht aus den Werkstätten der allerersten Firmen hervorgegangen, in der eigenen Sachkenntnis liegt.

Bei der weiteren Untersuchung versäume man nie jedes einzelne Rad heben und in Drehung versetzen zu lassen. Sollten Fehler in der Form der Stellung oder den einzelnen Bestandteilen des Rades ein korrektes Funktionieren desselben behindern, so wird dies hierbei sicher zu Tage treten.

Der Vorderwagen muss natürlich ebenfalls einer kritischen Besichtigung unterzogen werden. Besonderes Gewicht ist auf tadellose Wendbarkeit zu legen. Mit Bezug hierauf sei ausdrücklich hervorgehoben, dass das an alten, stümperhaft gebauten Wagen beim Wenden zu beobachtende Schleudern der Deichsel mit Recht als ein höchst bedenklicher Fehler gilt. Widersetzlichkeit und stütziges Verhalten der Stangenpferde hat sehr oft keine andere Ursache. Man halte sich überdies wohl vor Augen, dass jede geringe Unvollkommenheit, die sich an wichtigen Bestandteilen des Wagens nachweisen lässt, unter dem Einfluss der beim Fahren unvermeidlichen, rüttelnden und stossenden Bewegung schnell beunruhigende Dimensionen anzunehmen pflegt.

Die Deichsel soll vollkommen gerade sein und genau in ihre Öse passen. Ausserdem muss sie eine gewisse, aber beileibe nicht übergrosse Elastizität besitzen. Es genügt vollkommen, wenn sie der von den Stangenpferden beim Zurückhalten entwickelten Kraft um ein Geringes nachgiebt, sonst aber von der Bewegung der Coach unbeeinflusst bleibt. Selbstverständlich aber ist bei einem so schweren Wagen auch dafür zu sorgen, dass die Aufhalter der Stangenpferde nicht zu straff geschnallt werden, denn nur in diesem Falle lässt sich die, besonders beim

Bergabfahren und Passieren von unebenen Stellen, auch bei meisterhaft gebauten Coaches zu Tage tretende Neigung der Deichsel eine wippende Bewegung anzunehmen, mit Erfolg bekämpfen. Sachverständiges, weder zu festes noch zu loses Schnallen der Aufhalter ist übrigens beim Coaching geradezu ein Gebot der Menschlichkeit. Man bedenke nur, mit welcher Wucht das bedeutende Gewicht einer Coachdeichsel den Widerrist und das Vorderpedale der Stangenpferde treffen muss, wenn diese gar keine Bewegungsfreiheit haben. Ebenso klar aber ist, dass wenn umgekehrt die Aufhalter zu lose geschnallt sind, es den armen Tieren selbst bei verdoppelter Anstrengung kaum zu bewältigende Schwierigkeiten bereiten muss, die Coach zurückzuhalten oder in gerader Linie fortzubewegen. Eine ruhige Lage der Deichsel ist somit unter allen Umständen anzustreben. Sollte der Fahrer bemerken, dass seine Deichsel heftig auf- und niederschlägt, so kann er versichert sein, dass irgend etwas am Untergestell des Vorderwagens nicht in Ordnung ist.

Ein endgiltiges Urteil über die Beschaffenheit der von uns besichtigten Coach, werden wir jedoch erst abgeben können, nachdem wir untersucht haben, wie sich die einzelnen Bestandteile derselben unter der Einwirkung einer vollen Last verhalten. Die Erfahrung lehrt nämlich, dass Manches, wie z. B. das Öffnen und Schliessen der Thüren, sowie auch das Funktionieren der Bremse, was vielleicht beim leeren Wagen keinerlei Anlass zu Ausstellungen gegeben, vieles zu wünschen übrig lässt, sobald die betreffenden Teile dem Drucke der Last ausgesetzt werden. Nicht zum mindesten gilt dies mit Bezug auf die Federn, von denen wir mit Recht eine vollständig gleichartige Beschaffenheit verlangen. Dies ist jedoch eine Eigenschaft, die man sich vorsichtigerweise stets vom Wagenfabrikanten garantieren lassen sollte, denn auch bei den besten Federn kann es vorkommen, dass sich dieselben ungleichmässig abnützen.

Was schliesslich die Lackierung einer Coach anbelangt, so muss sich diese ausser durch richtige Zusammenstellung der

Farben*) durch hohen, spiegelnden Glanz auszeichnen. Ist letzteres der Fall, so wird sie auch jahrelang halten. Allerdings zählt gerade die tadellose Lackierung eines Wagens zu jenen Arbeiten, die nur von den allerersten Firmen geleistet werden können. Leichter lässt sich eine gefällige und dauerhafte Garnierung des Wagens erreichen; denn Sattler, die mit den einfachen Stoffen (Leder und dunkles Tuch), die zu der Garnierung einer Coach verwendet werden, umzugehen wissen, sind auch in bescheideneren Werkstätten anzutreffen.

Wir haben nun die Aufmerksamkeit des Laien auf diejenigen Punkte gelenkt, die, obwohl von entscheidendem Einfluss auf die Brauchbarkeit einer Coach, höchst wahrscheinlich von ihm übersehen worden wären. Unsere nächste Aufgabe ist, dem Leser das typische Coachpferd vorzuführen.

Um jedem Missverständnis vorzubeugen, bemerken wir sogleich, dass die Pferde eines eleganten Drags und diejenigen einer öffentlichen Mail-Stage-Coach zwei ganz verschiedene Typen darstellen. Es ist dies eine natürliche Folge der zwischen diesen beiden Wagenarten herrschenden Unterschiede. Bei der Bespannung der schweren Stage-Coach muss naturgemäss darauf gesehen werden, dass die Pferde bei aller Gängigkeit eine gewisse Masse besitzen; vor der leichter und eleganter gebauten Privatcoach dagegen, nehmen sich starkknochige, gut fundamentierte Blutpferde mit viel Aktion und Schnitt am besten aus. Ein Blick auf unsere Vollbilder (Fig. 21, 22 und 23) wird den Leser besser als unsere Worte es vermögen darüber aufklären, dass die Verschiedenartigkeit der hier genannten beiden Pferdetypen thatsächlich eine ziemlich bedeutende ist. Der praktische

---

*) Als modern gelten gegenwärtig folgende Farben:

Kasten:	Gestell und Räder:
dunkelblau,	Gelb, schwarz beschnitten,
dunkelblau,	Zinnoberrot, braun beschnitten,
dunkelbraun,	Karminrot, chromgelb beschnitten.

Garnierung der äusseren Sitze: naturfarbiges Schweinsleder. Inwendige Garnierung: Tuch von der Farbe des Kastens. Anmerkung des Verfassers.

Fig. 21. Drag auf der Fahrt zum Meet des Coaching-Clubs.

Fig 22. Viererzug einer Mail-Stage-Coach.

Fig. 23. Viererzug einer Privat-Coach.

Wert dieser Abbildungen liegt darin, dass sie keine Phantasiebilder, sondern getreue Reproduktionen von nach dem Leben ausgeführten Photographien sind.

Wie aus Fig. 21 zu ersehen ist, gehören auch die Pferde des dort dargestellten Drags nicht zur Kategorie der sog. Blutkrüppel, sondern könnte jedes einzelne derselben als Karrossier leichteren Schlages bezeichnet werden. Bei dem in Fig. 22 abgebildeten Zuge dagegen, ist die Masse vorherrschend und nur die Vorderpferde zeigen etwas weniger schwere Formen (vergl. auch Fig. 23).

Was nun das Grössenmass der Coachpferde anbelangt, so wird in Deutschland vielfach der irrigen Ansicht gehuldigt, dass dasselbe für die Stangenpferde nicht unter 1,68 m und für die Vorderpferde nicht unter 1,65 m Stockmass betragen dürfe. Auf Grund genauer Kenntnis der diesbezüglichen Ansichten englischer und französischer Fachmänner und mit Berufung auf unsere eigene langjährige Erfahrung, raten wir jedoch dem Anhänger des edlen Fahrsports, sich für den hier in Rede stehenden Zweck etwas kleinerer Pferde zu bedienen. Solche sind nicht nur weit gängiger und leistungsfähiger, sondern auch bedeutend angenehmer zu fahren als die grossen Karrossiers, deren Lebensaufgabe hauptsächlich darin besteht, in langsamer, stolzer Gangart vor dem Gala- und Stadtwagen einherzuschreiten. Mit Recht empfiehlt daher der Herzog von Beaufort in seiner „Badminton Library“ mittelgrosse, kurzbeinige und gedrungene Pferde in der Höhe von 1,63 m als die geeignetsten für den Coachdienst.

Die Frage, ob sämtliche Pferde des Viererzuges gleich gross sein sollen oder ob es wünschenswert erscheine, dass die Vorderpferde etwas grösser als die Hinterpferde seien, wird in den englischen und französischen Fachkreisen sehr verschiedenartig beantwortet. Man kann es auch getrost dem Geschmack jedes einzelnen überlassen, wie er es damit halten will, denn auf die Annehmlichkeit oder Sicherheit des Fahrens übt der Unterschied von einigen Centimetern in der Grösse der Vorder- und Hinterpferde keinen Einfluss aus. Dass wir es hübscher finden, wenn die Spitzenpferde etwas leichter und grösser sind, möge daher nur als eine Äusserung unseres persönlichen Geschmacks zur Kenntnis genommen werden.

Die beliebteste Farbe für Coachpferde ist gegenwärtig Braun mit schwarzen Extremitäten, doch finden auch Schwarzbraune und Goldfüchse starke Nachfrage; ja, sogar Schecken und gemischte Züge sind nicht verpönt, wenn nur jeder einzelne Gaul den rechten Typus und die richtige Aktion zeigt.

Fig. 24. Kondukteur einer Mail-Coach.

Die auf dem Rücksitz des Drags Platz nehmende Dienerschaft, von welcher einer das lange silberne Signalhorn führt, hat die einfache englische Livree zu tragen, die im Verlaufe dieser Arbeit wiederholt zur Abbildung gelangen wird. Auf der Stage-Coach dagegen, fährt zur Bedienung der Fahrgäste nur ein, gewöhnlich in scharlachrotem galoniertem Rock, weissem Filzhut und drabfarbigen Gamaschenhosen gekleideter, „Guard" oder Kondukteur mit (Fig. 24).

Schliesslich sei noch bemerkt, dass es nicht als „chic" gilt bei Tage Laternen auf der Coach zu führen.

Die lange Reihe der offenen vierspännigen Luxuswagen eröffnen wir mit dem Char-à-Bancs, der unter den hierher gehörenden Fuhrwerken der Coach unbedingt am nächsten steht. Da die Figuren 25, 26 und 27 mit Bezug auf Deutlichkeit nichts zu wünschen übrig lassen, bedürfen dieselben wohl keiner längeren Erklärungen. Einige kurze Andeutungen werden genügen.

Dass der Char-à-Bancs für Pic-nics, Landpartieen und Jagdausflüge als eine vorzüglich geeignete Wagenart bezeichnet werden muss, lässt sich schon aus den Zeichnungen entnehmen.

Fig. 25. Char-à-Bancs.

Fig. 26. Char-à-Bancs mit Langbaum und Mail-Federn.

Seine Hauptvorzüge sind, dass er mit 4 Pferden leicht zu fahren ist, mindestens acht Personen bequemen Platz bietet und im Innern seines Kastens so viele Provisionen flüssiger und fester

Gattung, Gewehre, Gepäckstücke und dergl. aufnehmen kann, als den Fahrgästen nur irgend wünschenswert erscheinen mag. Für Kasten und Gestell des Char-à-Bancs sind dieselben Farbenzusammenstellungen wie für die Coach gebräuchlich und ebenso

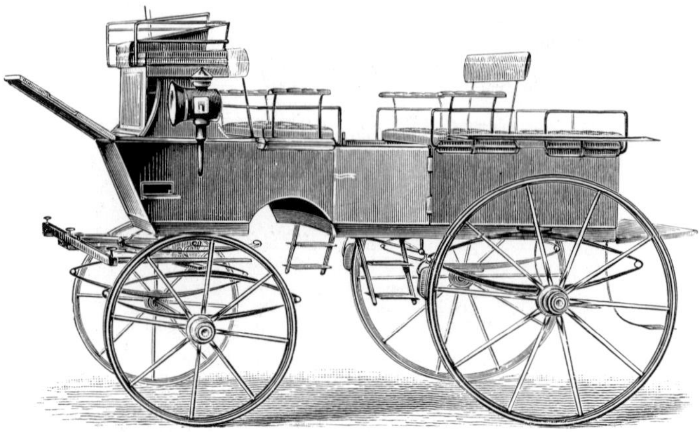

Fig. 27. Char-à-Bancs.

Fig. 28. Char-à-Bancs Guiet.

wie diese wird ein derartiger Wagen in der Regel nicht von einem Kutscher, sondern von dem Besitzer oder einem anderen Herrn gefahren. Kutscher und Diener nehmen auf dem Rücksitze Platz.

Das allerneueste auf dem hierher gehörenden Gebiete hat der bekannte Pariser Wagenfabrikant Guiet geschaffen. Es ist das ein dem irländischen „Jaunting Car“ nachgebildeter Char-à-Bancs, der bequem 12 Personen fasst (Fig. 28 und 29) und als dessen Bespannung bei voller Last der Erfinder sich 4 à la Daumont

Fig. 29. Derselbe Wagen mit zurückgeschlagenen Seiten- und Rücksitzen.

Fig. 30. Break.

gefahrene Pferde gedacht hat. Sobald die Fahrgäste ausgestiegen sind, können die Seiten- und Rücksitze dieses originellen aber höchst bequemen Wagens, behufs leichterer Unterbringung und Aufstellung desselben, zurückgeschlagen werden. Für Jagdfahrten und Landpartien, bei welchen nicht immer auf geräumige Wagenschuppen am Bestimmungsorte gezählt werden kann, sicher kein gering anzuschlagender Vorzug. Und ausserdem, wie überaus bequem gestaltet sich nicht in einem derartigen Wagen das gerade bei solchen Fahrten so häufig vorkommende Aus- und Einsteigen! Wir glauben daher dem „Char-à-Bancs Guiet" eine grosse Zukunft prophezeien zu können.

Fig. 31. Ungarische Jucker-peitsche.

Nahe verwandt mit dem Char-à-Bancs, jedoch für Luxuszwecke nicht ganz so geeignet wie dieser, ist der Break (Fig. 30). Dass der typische Break keinen gesonderten Platz für die mitfahrende Dienerschaft hat, wird bei Gesellschaftsfahrten stets als ein grosser Übelstand empfunden werden. Denn fährt der Herr selbst, so kann er nur einen Diener neben sich am Bock mitnehmen (unter Umständen — z. B. wenn der Viererzug unterwegs ausgespannt und abgerieben werden soll — eine höchst bedenkliche Sache) und lässt er den Kutscher fahren, so geht ihm ein Platz für Gäste oder Familienmitglieder verloren. Abzuhelfen ist dem nur, wenn man den Kasten des Breaks für vis-à-vis Sitze einrichtet und rückwärts einen erhöhten Dienersitz anbringt. Dann hat man aber auch keinen Break mehr sondern einen Char-à-Bancs. Alles in allem genommen, wird man daher den typischen Break nur mit Vorbehalt als ein Luxusfuhrwerk gelten lassen können. Seine eigentliche Bestimmung ist in grösseren Etablissements beim Einfahren und Bewegen der Pferde, sowie bei der Beförderung des Gepäcks Verwendung zu finden.

Für sämtliche bisher unter der Rubrik „Vierspännige Luxusequipagen" erwähnten Wagenarten gelten mit Bezug auf Bespannung, Geschirr und Livree diejenigen Vorschriften, die wir bei der Schilderung der Coach eingehender besprochen haben. Ein ganz anderes Bild jedoch entrollt sich vor unseren Augen, wenn

Fig. 32. Ungarischer Viererzug.

wir uns nun dem Juckergespann zuwenden. Das ernste und solide, etwas schwerfällige Gepräge verschwindet, und schneidige, jugendliche Eleganz verbunden mit einem von überschäumender Lebenslust zeugenden Trieb nach vorwärts treten an dessen Stelle.

Diesem Charakter der Juckerequipage entsprechend, wird für die Zusammenstellung derselben in der Regel das ungarische Vorbild gewählt. Also mächtig ausgreifende, ungarische Blutpferde, ungarisches Sielengeschirr, ungarische Juckerpeitsche (Fig. 31) und leichter Kutschierwagen ungarischer oder auch englischer Form. Das ungarische Csikóskostüm für den Kutscher ist dagegen nicht obligatorisch, sondern kann, zumal in den nicht zur Stefanskrone gehörenden Ländern, durch die gewöhnliche englische Livree ersetzt werden. Zur magyarischen Nationaltracht gehört ja auch ein ungarisches Gesicht und mit einem solchen aufzuwarten dürfte unseren Jochens, Krischans und Hinrichs um so schwerer fallen, als ihnen bekanntlich der Bartschmuck für gewöhnlich versagt ist, oder wenigstens versagt sein sollte. Den keck hinaufgewichsten Schnurrbart müssten sie sich also jedenfalls beim nächsten Bartkünstler bestellen.

Der Jucker ist in allen Formen zu haben, und wenn er nur ordentlich „treten" kann, auch in kleinerer Ausgabe hoch geschätzt. Über mangelnde Auswahl lässt sich jedenfalls nicht klagen. Vom Lippizaner bis hinauf zum Sprössling des besten englischen Blutes bewegen sich die Grössenmasse zwischen 150 und 170 cm. Kaum weniger verschiedenartig sind die Typen. Eines aber haben alle Pferde, die den Namen „Jucker" verdienen, gemeinsam — bedeutende Schnelligkeit und Ausdauer in der Schnelligkeit. Mehr wie 3 Minuten per Kilometer darf der echte Jucker auf einer Strecke von 50 Kilometer nicht benötigen. Jucker der allerersten Klasse leisten aber weit mehr. So wurden z. B. gelegentlich des am 13. Juni 1890 stattgefundenen Wettfahrens mit ungarischen Viererzügen von Pressburg nach Wien, die 65 Kilometer der Distanz von den Juckern des

Baron Miklós Wesselényi in einer durchschnittlichen Schnelligkeit von 2 Minuten 30 Sekunden per Kilometer zurückgelegt. Wir glauben keinen Widerspruch befürchten zu müssen, wenn wir behaupten, dass es dem vielgepriesenen amerikanischen Traber schwer fallen dürfte, ein Gegenstück zu dieser Leistung zu wege

Fig. 33. Hochveredelter ungarischer Jucker.

zu bringen, geschweige denn dieselbe zu übertreffen. Dem lymphatischen Russen aber, würde schon der blosse Versuch verhängnisvoll werden.

Der Typus des hochveredelten ungarischen Juckers ist in Fig. 33 vortrefflich wiedergegeben. Das betreffende Pferd ist eine im Gestüte der Herren Josef v. Döry zu Dombovár gezogene Stute, vom Vollbluthengste Cambusier aus einer Stute vom Vollbluthengste Duke. Jucker dieses Schlages haben eine Grösse von ca. 164 cm. Dass sie nicht so billig sein können, wie Leute, die das ungarische Pferd für ein Produkt halbwilder Steppenzucht halten, wohl anzunehmen pflegen, ist eine natürliche Folge ihrer hochedlen Abstammung und ihrer phänomenalen Leistungsfähigkeit. Ein Jucker guter Klasse ist nicht unter 1000 fl. österr. Währ. (= ca. 1700 Mark) zu haben; für Viererzüge, die hervorragende Leistungen aufzuweisen hatten, ist aber schon wiederholt der hohe Preis von 8000—10000 fl. österr. Währ. bezahlt worden. Wer für einigermassen billiges Geld in den Besitz eines schneidigen ungarischen Viererzuges gelangen will, wird daher die Mühe und das Risiko auf sich nehmen müssen, sich denselben bei bewährten Züchtern aus rohem Material selbst zusammen zu stellen, oder durch einen vertrauenswürdigen Sachverständigen zusammenstellen zu lassen.*) Doch auch dann mag er sich glücklich schätzen, wenn er mit 600 fl. österr. Währ. per Pferd sein Auslangen findet.

Die besten ungarischen Geschirre liefert der k. und k. Hofriemer und Sattler Anton Dulcz, Budapest, Egyetem-utcza 2. Wie bereits erwähnt, werden Jucker nur mit Sielengeschirr gefahren. Soll dieses stilgerecht in ungarischem Geschmack sein, so dürfen die sog. Chalanken von geflochtenem, mit blanken Metallscheiben und roten Tuchstücken geschmückten Leder nicht fehlen. Leichter Beschlag, plattierte Schnallen, eine Krone auf dem Scheuleder und farbige Stirnbänder sind gestattet. Als Gebiss werden nur Juckertrensen mit doppelten, breiten und flachen Ringen verwendet. Man vergesse ja nicht, dass Kandaren und Aufsatzzügel beim ungarischen Gespann zu den strenge verpönten Artikeln zählen. Im übrigen sei bemerkt, dass das Juckergeschirr grosse Leichtigkeit mit aussergewöhnlicher Haltbarkeit verbinden muss.

---

*) Die Adressen solcher Züchter sowie die genaue Beschreibung ihres Materiales sind in dem reich illustrierten Werke: „Ungarns Pferdezucht in Wort und Bild" von Graf C. G. Wrangel, Stuttgart, 1895, Verlag von Schickhardt & Ebner (Konrad Wittwer) enthalten.
Anmerkung des Verfassers.

Was den geeignetsten Wagen für vierspännig Fahren mit Juckern anbelangt, verweisen wir auf das in Fig. 32 abgebildete Modell, das sich auch in Ungarn grosser Beliebtheit erfreut. Leicht, elegant und praktisch, entspricht dasselbe allen Anforderungen, die wir mit Recht an den Wagen einer Jungen-Herren-Equipage stellen.

Das Ganze soll einen überaus lebendigen Eindruck hervorrufen. Dies gilt natürlich nicht zum mindesten mit Bezug auf das Gespann. Ein im schläfrigen Tempo dahinbummelnder Juckerzug ist jedem Kenner ein Greuel. Die Gäule müssen gehen was die Riemen halten. Und dann noch Eines. Je bunter das Gespann, desto besser. Im ungarischen Viererzug nehmen sich daher Schecken sehr gut aus, doch passen auch „quatre couleurs" vortrefflich. Die Hauptsache aber ist Leben, Schneid.

Damit haben wir das von den vierspännigen Luxusequipagen handelnde Kapitel zu Ende gebracht und werden wir nun das zweispännige Fuhrwerk dieser Gattung in Augenschein nehmen.

Bevor wir dieses Kapitel zum Abschluss bringen, wollen wir aber den Leser noch mit den Regeln bekannt machen, die der Coaching-Club für die Beurteilung von Drags und Coaches bei Preisbewerbungen aufgestellt hat.

Der Drag.	Die Coach.
Der Drag muss mit einem Langbaum versehen und leichter gebaut als die Coach sein, zugleich aber im ganzen wie im einzelnen sich durch grössere Eleganz und feinere Ausführung hervorthun. Am Wagenschlag können Wappen oder Monogramme angebracht werden.	Die Coach muss stärker gebaut sein wie der Drag, besonders was das Untergestell und die Achsen anbelangt; letztere dürfen nicht weniger als 5 cm im Diameter messen.
Mailpatent- oder Collingachsen sind unentbehrlich (keine Nachahmung).	Mailpatent- oder Collingachsen sind unentbehrlich (keine Nachahmung).
Der Rücksitz ruht auf geschwungenen eisernen Stützen, hat keine Rückenlehne und bietet Platz für zwei Diener.	Der Rücksitz ruht gewöhnlich auf starken hölzernen Streben, die von einer hölzernen Verschalung verdeckt werden. Dieselben können aber auch wie beim Drag aus gebogenem Eisen angefertigt sein. In letzterem Falle tritt Leder an die Stelle der hölzernen Verschalung. Der

Die Rückenlehnen der Decksitze werden niedergeklappt, wenn nicht benötigt.

Die untere Seite des Fussbrettes und dessen Stützen haben dieselbe Farbe wie das Gestell.

Der Wagenkasten und die Tafel des rückwärtigen Koffers müssen in der Farbe übereinstimmen. Die Thürbänder dieses Koffers sind an dem unteren Rande angebracht, so dass die Thür, wenn geöffnet, wie ein Tisch verwendet werden kann.

Der Hemmschuh und der Sicherheitshaken erhalten, wenn sie überhaupt mitgeführt werden, ihren Platz auf der rechten Seite.

Es ist gebräuchlich, die äusseren Sitze entweder mit Schweinsleder oder mit Tuch, das Innere des Drags aber mit Maroquin oder Tuch zu garnieren.

Die Fahrdecke des Kutschers wird, wenn nicht im Gebrauch, die äussere Seite nach aussen, zusammengefaltet und über das Sitzkissen gelegt. Sollten Decken für die Fahrgäste mitgenommen werden, so legt man sie zusammengefaltet im Innern des Wagens auf den vorderen Sitz.

Eine Uhr im Etui ist nicht unentbehrlich. Das Gleiche gilt mit Bezug auf die Tasche im Sitzkissen des Kutschers.

Zwischen den Decksitzen dürfen keine Schutzstangen oder Riemen für Gepäck angebracht sein.

Im Innern des Drags befinden sich: Hutriemen an der Decke, Taschen an den Thüren; Raum ober den Vorder- oder Rücksitzen, wo die Laternen aufgehängt werden können, wenn sie nicht im Gebrauch sind; eine zusammenlegbare Reservepeitsche.

Sitz muss breit genug sein, um zwei Personen ausser dem Kondukteur Platz zu gewähren. Dieser, für welchen auf der linken Seite ein extra Sitzkissen angebracht ist, hält sich an einem ledernen Riemen, wenn er ins Horn bläst.

Die Rückenlehnen der Decksitze sind nicht zum Niederklappen eingerichtet.

Die untere Seite des Fussbrettes, wie auch die Stützen des Kutschbockes und des Rücksitzes, haben dieselbe Farbe wie das Gestell.

Der Wagenkasten und die Tafel des rückwärtigen Koffers stimmen ebenfalls in der Farbe überein. Die Thürbänder des rückwärtigen Koffers befinden sich auf der rechten Seite, so dass der Kondukteur die Thür während der Fahrt von dem linken hinteren Tritt aus zu öffnen vermag.

Der Hemmschuh und der Sicherheitshaken müssen in allen Ländern, wo die rechte Seite der Strasse eingehalten wird, auf dieser Seite hängen; der Hemmschuh wird nämlich stets an dem äusseren Rade angelegt, weil der Wagen sonst nach dem Strassengraben hin schleifen würde.

Die Garnierung der Aussensitze wird aus Rips oder irgend einem anderen passenden Stoff, jedoch nicht aus Leder bestehen. Das Innere der Coach wird gewöhnlich mit hartem Holz oder Leder ausgestattet.

Die Fahrdecke des Kutschers ist, wenn nicht benötigt, die äussere Seite nach aussen, zusammengefaltet auf das Sitzkissen zu legen.

Eine Uhr im Etui ist auf dem Fussbrett des Kutschbocks anzubringen. Das Sitzkissen des Kutschers muss auf der linken Seite mit einer Tasche versehen sein.

Die Eisenstangen zwischen den vorderen und hinteren Decksitzen sind mit einem aus ledernen Riemchen bestehenden Netze versehen, so dass kleinere auf dem Verdecke untergebrachte Gepäckstücke, Überzieher, Decken u. s. w. nicht herunterfallen können.

Im Innern der Coach befinden sich: an der Decke befestigte Hutriemen, Ledertaschen an den Seiten oder Thüren, eine zusammenlegbare Reservepeitsche.

Der Korb für Schirme und Stöcke wird, wenn mitgeführt, an der linken Seite des Wagens aufgehängt.

Keine Laterne sichtbar; dieselben sind wie bereits erwähnt im Innern des Wagens untergebracht.

Ein Reservevorlegewagebalken und ein dito Ortscheit werden rückwärts mit Riemen an dem hinteren Sitze befestigt und zwar der Wagebalken zu oberst.

Sowohl der Wagebalken wie das Ortscheit werden mit den Ösen nach oben befestigt.

Folgende Gegenstände werden wohl geordnet in dem vorderen Koffer verpackt: verschiedene Werkzeuge; ein Reservevorder- und -hinterstrang; ein kurzer Riemen von derselben Breite wie die Stränge mit einer Schnalle an jedem Ende oder auch zwei Doppelschnallen von verschiedener Grösse; Reservekummetbügelriemen. Decken für die Pferde und die erforderlichen wasserdichten Fahrdecken werden an einem passenden leicht zugänglichen Platz verwahrt.

Es ist üblich, den Drag mit Frühstückskörben, Flaschenständer und dergl. zu versehen. Auf dem Verdeck wird ausserdem ein Koffer angebracht. Dieser darf jedoch nur dann mitgeführt werden, wenn unterwegs gefrühstückt werden soll.

Parkgeschirr.

Die Aufhalterketten sind plattiert und haben Federhaken. Die Ketten müssen so lang sein, dass beide Haken in den Deichselring eingehakt werden können. Sollten sie zu kurz sein, so muss das eine Ende in den Deichselring und das andere in ein Kettenglied eingehakt werden. Sind sie dagegen zu kurz, so wird das eine Ende in den Deichselring eingehakt, das andere aber durch diesen Ring (von aussen nach einwärts) gezogen und sodann in ein Kettenglied eingehängt.

Schwanzriemen mit Schnallen auf allen Pferden.

Rückenriemen und Strangträger sind erlaubt.

Stirnstücke.

Die Martingale um die Kummete der

Der Korb hängt an der linken Seite vor dem Sitze des Kondukteurs. Das Horn wird mit aufgesetztem Mundstück in dem Korb versorgt.

Die Seitenlaternen hängen fertig zum Gebrauch auf ihren Plätzen.

Ein Reservevorlegewagebalken und ein dito Ortscheit werden rückwärts mit Riemen an dem hinteren Sitze befestigt und zwar der Wagebalken zu oberst.

Sowohl der Wagebalken wie das Ortscheit werden mit den Ösen nach oben befestigt.

Folgende Gegenstände werden wohl geordnet an einem passenden Platz verstaut: Eine Radwippe; ein Kettenstrang; Reservekummetbügelriemen; ein Aufsatzzügel; ein kurzer Riemen von derselben Breite wie die Stränge, mit einer Schnalle an jedem Ende, oder auch zwei Doppelschnallen von verschiedener Grösse; ein Schraubenschlüssel, ein Hammer, ein Bund Stahldraht, ein Bohrer, ein Hufräumer und ein Messer; zwei Reserveringe grosser Gattung für die Kummetbügel; eine Reservekandare.

Der Kondukteur muss korrekt gekleidet sein und eine Tasche für die Billete umgehängt tragen. An der einen Seite dieser Tasche ist eine Uhr anzubringen, ausserdem muss erstere ein Fach für den Kofferschlüssel enthalten.

Reisegeschirr.

Die Aufhalterketten können plattiert oder schwarz sein, nur müssen sie stets mit der Bekleidung der Deichselspitze übereinstimmen. Die Haken haben Gummiringe; Federhaken dürfen nicht benützt werden. Ketten mit einem Ringe werden von innen nach aussen an der Deichselspitze befestigt, dann durch das Kettenglied des Kummetschliessers gezogen und in eines der Glieder der Aufhalterkette eingehakt.

Schwanzriemen mit oder ohne Schnallen auf den Hinterpferden, aber nicht notwendig für die Spitzenpferde, wenn nicht Aufsatzzügel verwendet werden. Strangträger von dem oberen Ringe der Kummetbügel bis zu der Schnalle der Seitenblätter sind erlaubt.

Keine Rückenriemen.

Stirnstücke (wenn gewünscht).

Die Martingale um die Kummete der

Hinterpferde herum und nicht nur durch die Kummetschliessergelenke durchgezogen.

Martingale an allen Pferden.

Keine Ringe an den Kreuzzügeln.

Die Beschläge an den Wagen und Geschirren und die Knöpfe an der Livree der Dienerschaft müssen von demselben Metall sein.

Die Stränge der Hinterpferde haben Metallschlaufen an den Enden, keine Ketten.

Die inneren Stränge der Hinterpferde kürzer wie die äusseren, falls nicht, um denselben Zweck zu erzielen, das innere Ortscheit grösser gemacht worden.

Die inneren Stränge der Vorderpferde, gerade oder mittelst einer Schlaufe miteinander verbunden, nicht gekreuzt.

Kummetschliesser, welche die Kettengelenke aufnehmen.

Einfache Gelenke. Keine Kummetschliesserringe an den Vorderpferden.

Solide Zugösen, auch Stützen genannt, an den Kummetbügeln.

Vollständige Aufsatzzügel mit Kandare und Trense. Buxtonkandare bevorzugt.

Stirnbänder aus Metall oder Seide. Wenn aus Seide, muss die Farbe mit derjenigen der Livreeweste übereinstimmen.

Das Wappen oder Monogramm muss an den Rosetten, Stirnstücken, Scheuledern, Kammdeckeln und Martingalen angebracht sein.

Seidene Bandschleifen oder farbige Rosetten sind verpönt.

Die Riemen der Kummetbügel werden mit der Zunge nach innen befestigt, d. h. nach rechts auf dem links und nach links auf dem rechts gehenden Pferde.

Zügel aus einfachem braunem Leder.

Die Kummete aus lackiertem schwarzem Leder und genau passend.

Die Kummetbügel ebenfalls genau passend.

Schwarzes Geschirr.

Wenn der Besitzer oder sein Vertreter fährt, werden die Jalousien in den Windtafeln heruntergelassen, sonst nie.

Hinterpferde herum und nicht nur durch die Kummetschliessergelenke durchgezogen.

Keine Martingale an den Vorderpferden. Diese tragen Ringe an den Kummetschliessern.

Die Beschläge am liebsten aus Messing, jedoch unter allen Umständen durchweg aus demselben Metall.

Die Stränge der Hinterpferde mit französischen Schlaufen oder Ketten an den Enden. Die Ketten werden an den Doggen derart befestigt, dass die Kette nach aussen und der Ring nach innen zu liegen kommt.

Die inneren Stränge der Hinterpferde kürzer wie die äusseren, falls nicht, um denselben Zweck zu erreichen, das innere Ortscheit grösser gemacht worden.

Die inneren Stränge der Vorderpferde durch eine Schlaufe miteinander verbunden oder gekreuzt.

Haken an den Kummetbügeln.

Kette und kurze Kummetschliessergelenke oder durchweg Kette.

Zugösen an den Kummetbügeln.

Ein oder mehrere Aufsatzzügel erlaubt.

Stirnbänder aus Metall oder Leder; wenn aus Leder, muss die Farbe mit derjenigen der Coach übereinstimmen.

Wappen oder Monogramme sind nicht gebräuchlich, statt dessen kann man einen aus gelbem Metall angefertigten Wagebalken oder irgend eine Spezialmarke auf den Scheuledern und Rosetten anbringen.

Die Riemen der Kummetbügel werden mit der Zunge nach innen befestigt, d. h. nach rechts auf dem links und nach links auf dem rechts gehenden Pferde.

Zügel aus einfachem braunem Leder.

Die Kummete können aus lackiertem, gewöhnlichem schwarzen oder braunem Leder gemacht sein; gerade Form, dick und gut gepolstert.

Die Kummetbügel genau passend.

Das Geschirr schwarz oder braun.

Einige Hornsignale.

Start.

Rechts.

Links.

Pferde-Wechsel.

Halt.

Langsamer.

Bahn frei.

Langsam.

Nach Hause.

Die zweispännigen Luxus-Equipagen.

Die Leute, die vierspännig fahren, sind verhältnismässig leicht gezählt. Anders verhält es sich mit den viel beneideten Sterblichen, die es sich leisten können, in zweispänniger Equipage durch die Strassen zu fahren. Will man von diesen reden, so passt die abgedroschene Redensart „Die oberen Zehntausend" schon längst nicht mehr. Da muss man zu weit imposanteren Zahlen greifen. Um so bedauerlicher ist es, dass so wenige jener Fuhrwerke dem Strassenbilde zur Zierde gereichen. Mit einem Hinweis auf die leidige Geldfrage lässt sich diese Thatsache wohl nur ganz ausnahmsweise erklären. Denn erstens sind Geschmacklosigkeit und Billigkeit nicht synonyme Begriffe, und zweitens hat manche zum Davonlaufen hässliche Equipage ihrem Besitzer ein Heidengeld gekostet. Da man aber nun von keinem vernünftigen Menschen voraussetzen darf, dass es ihm Spass machen könne, das Gegenteil von dem zu erreichen, was er mit einer bedeutenden Ausgabe angestrebt, so würde man auch fehlgreifen, wenn man jeden, der für schöne Bankscheine eine in ihrem Gesamtbilde wie in ihren Einzelnheiten misslungene Equipage eingetauscht, ohne weiteres des bewussten Frevels gegen den guten Geschmack beschuldigen wollte. Die Mehrzahl dieser Missethäter sündigt ahnungslos, und verschwindend klein ist das Häuflein derjenigen Fuhrwerkbesitzer, denen es vollkommen gleichgültig, ob ihre Wagen, Pferde und Livreen den Beifall des Kenners finden, oder nicht. Trotz der heutzutage in jeder Grossstadt wahrzunehmenden Equipagenmisère, halten wir es daher für eine dankbare Aufgabe nach Kräften dazu beizutragen, dass ein sicherer Blick für das Schöne und für das Hässliche auf dem hier in Rede stehenden Gebiete Gemeingut aller Freunde des Fahrsports werde. Gerade die Besprechung des zweispännigen Luxusfuhrwerks bietet uns hierzu eine besonders günstige Gelegenheit. Muss doch diesem in dem gewaltigen Verkehr, den uns das tägliche Leben vor Augen führt, nicht nur eine dekorative, sondern auch — und zwar in erster Reihe — eine eminent praktische Bedeutung zuerkannt werden.

Gewissermassen noch zur Galaabteilung gehören unter den zweispännig zu verwendenden Wagen die Kalesche (Barouche), das Chariot, die Victoria à huit ressorts, das Coupé à huit ressorts und der Landauer.

Die Kalesche (s. Fig. 15) wird nur bei solchen Gelegenheiten benützt, die eine Entfaltung von aussergewöhnlichem Luxus gerechtfertigt erscheinen lassen. Grelle Farben sind für einen solchen hochvornehmen Wagen selbstverständlich nicht geeignet. Der moderne Geschmack bevorzugt dunkelblau und dunkelbraun mit um eine Schattierung hellere Atlasgarnierung. Die Pferde müssen 165—168 cm messen, sehr egal sein, viel Adel zeigen und sich durch eine glänzende Aktion auszeichnen. Die Schweife dürfen nicht koupiert sein, sondern werden so geschnitten, dass sie in einem elegantem Bogen bis zum Unterschenkelbein herabhängen. Den Typus eines solchen „Grand Carrossier“ findet der Leser in Fig. 34 getreu dargestellt.

Das Geschirr wird natürlich mit Bezug auf Schnitt und Ausstattung dem Charakter des ganzen Fuhrwerkes entsprechen müssen. Trotzdem empfehlen wir dringend allen unnötigen Tand zu vermeiden. Der Beschlag sei solid und von vornehmer Einfachheit. Stirnbänder aus Metall oder Seide mit ebensolchen Kokarden, die Stirnstücke, Scheuleder, Kammdeckel und unteren Enden der Rückenriemen mit Wappen oder Kronen verziert — weiterer Schmuck ist nicht erforderlich. Hinterzeug darf nicht fehlen. Als Gebiss wähle man die für alle Equipagen pompöseren Stils vorgeschriebene Buxtonkandare (Fig. 35). Der Vollständigkeit wegen sei auch bemerkt, dass die Etikette für Geschirre der hier in Rede stehenden Gattung nur flaschenförmig geschnittene Kammdeckel (Fig. 36) als korrekt erscheinen lässt.

Fig. 34. Karrossier französischer Zucht.

Und da wir gerade von der Etikette reden, werden wir wohl nochmals in Erinnerung bringen müssen, dass dieselbe, wie in dem vom Galafuhrwerk handelnden Kapitel bereits erwähnt worden, von dem auf dem Bocke einer Staatsequipage thronenden Kutscher eine zur Korpulenz neigende körperliche Hülle stattlicher Grösse verlangt. Das gleiche gilt mit Bezug auf die Lenker der weiter oben angeführten fünf Wagenarten, unter welchen die Kalesche den ersten Platz einnimmt. Ja, noch mehr, wer bei der Zusammenstellung einer derartigen Equipage sicher gehen will, der Kritik keinen noch so geringfügigen Anlass zu abfälligen Bemerkungen zu geben, wird auch dafür sorgen müssen, dass die Figur des mitfahrenden Bedienten Gnade vor den Augen der gestrengen Dame Etikette finde. Zu erreichen ist dies aber nur dann, wenn der Diener einen guten Flügelmann bei der preussischen Garde abgeben würde, denn „hoch aufgeschossen und schlank", so hätte die Personalbeschreibung für ihn in kurzen Worten zu lauten. Dass der hierdurch ge-

Fig. 35. Buxton-Kandare.

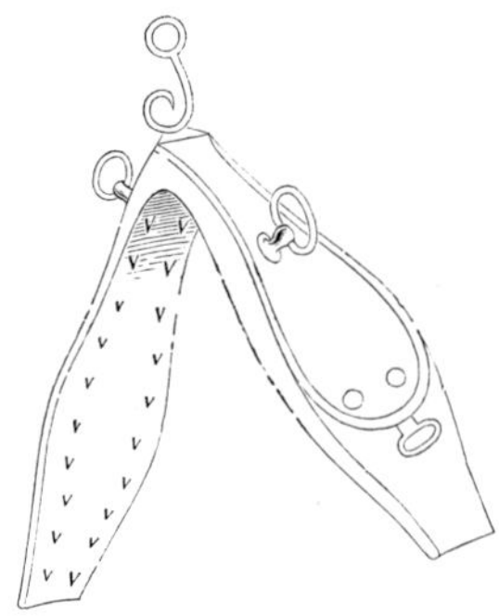

Fig. 36. Kammdeckel.

schaffene Kontrast zwischen den weithin sichtbaren Gestalten auf dem Bock sowohl vom rein ästhetischen wie vom technischen Standpunkt gesehen, nicht anders als günstig wirken kann, liegt auf der Hand.

Die für Fahrten mit der Kalesche zu verwendende Livree wird nicht bei jeder Gelegenheit dieselbe sein. Bei einer gewöhnlichen Korsofahrt z. B., tragen Kutscher und Diener die ebenso elegante wie einfache englische Livree. Indessen ist es durchaus korrekt, wenn der Diener, sobald seine Gebieterin allein ausfährt, in der Livree des Hauses erscheint. Letztere ist selbstverständlich an Galatagen auch für den Kutscher vorgeschrieben. Regenröcke sind dagegen streng verpönt und sogar die zur Livree gehörenden Überröcke werden auf der Kalesche nicht gerne gesehen. Sollte es die Witterung unbedingt verlangen, so kann mit Bezug auf letztere wohl eine Ausnahme von dieser Regel gemacht werden, das ist aber auch der einzige Fall wo dies statthaft erscheint.

Von der alten Vorschrift, dass der Kutscher bedeutend höher sitzen soll als der mitfahrende Diener, will die heutige Mode nichts mehr wissen. Im Ganzen genommen, kann dies nur gebilligt werden. Muss doch die Harmonie des Gesamtbildes durch gebrochene Linien eine Störung erleiden.

Das *Chariot* (Fig. 14) ist ebenfalls ein Wagen so vornehmer Klasse, dass es für bürgerliche Verhältnisse wenig oder gar nicht in Betracht kommt. Umso besser passt es für Fürstlichkeiten, hohe Staatsbeamte, Botschafter und ähnliche Herrschaften, ja diese können sich bei Staatsvisiten und feierlichen Auffahrten gar keines geeigneteren Wagens bedienen. Sollte indessen ein Mitglied der Finanzaristokratie oder irgend einer unserer vielen Millionäre bürgerlichen Standes das Verlangen empfinden, es im Equipagenluxus den Spitzen der Gesellschaft gleich zu thun, so möge er sich nur ruhig ein Chariot anschaffen. Den Fluch der Lächerlichkeit wird er dadurch nicht auf sich laden, zumal wenn er bei der Benützung des imposanten Gefährtes korrekt vorgeht, d. h. dasselbe nur zu offiziellen Besuchen und zur Teilnahme an den herbstlichen oder winterlichen Spazierfahrten der eleganten Welt in Gebrauch nimmt.

Alles was wir weiter oben über die Ausstattung der Kalesche geäussert, gilt auch für das Chariot und für den *Landauer à huit ressorts*, welch letzterer, wenn ohne Kutschbock, sich vortrefflich für die Anspannung à la *Daumont* eignet, mit Kutschbock aber den besten Familienwagen für Stadt- und Parkgebrauch abgiebt. Der grosse Vorzug des Landauers ist, dass er „ob schön, ob Regen“ mit gleichem praktischen Nutzen verwendet werden kann. Man braucht nur beim ersten Regentropfen das Verdeck vorn und hinten aufzuschlagen, und der offene Wagen ist in einen gedeckten umgewandelt. Dieses Aufschlagen des Verdeckes wird ungemein erleichtert, wenn der Wagen mit einer der neuartigen, automatisch wirkenden Verdeckfedereinrichtungen ausgestattet worden ist (Fig. 37 A und B).

Wie dem Leser bekannt sein dürfte, giebt es Landauer

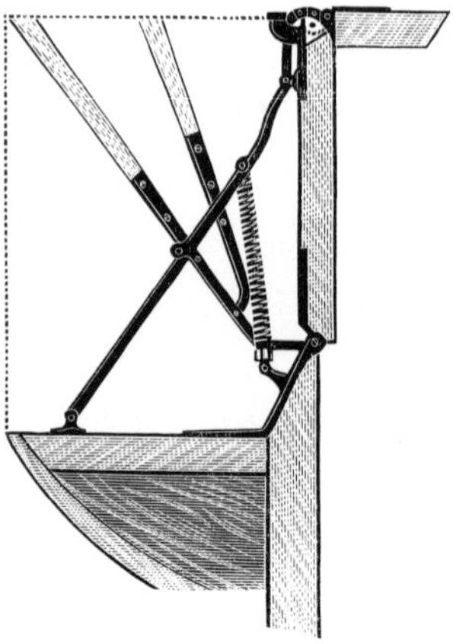

A.

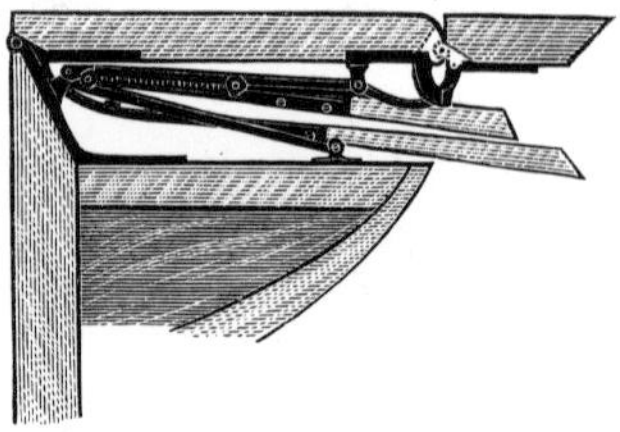

B.

Fig. 37. Automatische Verdeckfedern.

Fig. 38. Seftonlandauer.

mit runden und solche mit geraden Linien; erstere werden nach ihrem Erfinder, dem Earl of Sefton, Seftonlandauer (Fig. 38), letztere nach dem Earl of Shelbourne, Shelbournelandauer (Fig. 39) genannt. Für die Daumontanspannung gilt nur die runde Form als korrekt, doch muss der Wagen dann auf C-Federn ruhen und nicht nur mit Langbaum, sondern auch mit einer

Schwanenhalsdeichsel versehen sein. Der kleinere Familienlandauer dagegen, wird in jeder Beziehung einfacher gehalten. Die Lackierung ist dunkelblau, -grün oder -braun, der Kasten mit

Fig. 39. Shelbournelandauer.

Fig. 40. Victoria à huit ressorts.

einem lichteren Streifen eingefasst, die Räder schwarz beschnitten. Die innere Garnierung besteht aus nahezu weissem, drabfarbigem oder hellgrauem Tuch und die 155—160 cm hohen Pferde tragen gewöhnliches Coupégeschirr.

Weit eleganter und vornehmer wie der Landauer, ist die

Victoria à huit ressorts (Fig. 40). Allerdings zählt diese nicht zu den Familienwagen, sondern zu derselben Klasse wie die Kalesche und das Chariot, so dass alles was wir bei der Beschreibung letztgenannter Equipagen über die Bespannung, Ausstattung, Livreen u. s. w. geäussert, auch für die obgenannte Victoria zu gelten hat.

Ähnlich verhält es sich mit dem Coupé à huit ressorts (Fig. 41), das wie alle mit C-Federn und Langbaum versehenen Luxusfuhrwerke einen zu anspruchsvollen Charakter hat, um für

Fig. 41. Coupé à huit ressorts.

den gewöhnlichen Stadtgebrauch geeignet zu erscheinen, wohl aber bei offiziellen Auffahrten, für welche nicht grosse Gala vorgeschrieben worden, das Chariot zu ersetzen vermag.

Ein Stadtwagen par excellence dagegen, ist das auf Druckfedern ruhende Coupé, das nach seinem Erfinder, dem Lord-Kanzler Brougham, speziell in England und Amerika vielfach auch Brougham genannt wird. Das erste Coupé soll im Jahre 1838 gebaut worden sein. Ursprünglich nur für zwei Personen berechnet, hat das Coupé in späteren Jahren eine Umwandlung erfahren, die vier Personen Platz bereitet, doch ist die zweisitzige Form (Fig. 42) heute wieder die beliebteste, was vom Schönheitsstandpunkte aus nur gebilligt werden kann. Da aber das sog. Dreiviertel-Coupé (Fig. 43), besonders für solche Familien, in welchen kleine Kinder sind, einen nicht in Abrede zu stellenden praktischen Wert besitzt, wollen wir nicht unterlassen dasselbe hier ebenfalls aufzunehmen.

Fig. 42. Zweisitziges Coupé.

Fig. 43. Dreiviertel-Coupé mit Gummirädern.

Die Grundlinien des modernen Coupés weichen nur wenig von dem Originalentwurfe ab. Die hauptsächlichste Veränderung, welcher dieses Fuhrwerk in neuester Zeit unterworfen worden ist, besteht in der geschweiften Form, die der untere Teil des Kastens erhalten hat. Ausserdem sei bemerkt, dass ein Coupé, welches der neuesten Mode entsprechen soll, nicht zu niedrig sein darf. Das Journal „La Carrosserie Française", Jahrgang 1896, schreibt denn auch mit Bezug hierauf: „Un peu de hauteur dans un coupé est loin de nuire à son élégance" „und" — möchten wir hinzufügen — „den Trägern von Cylinderhüten kann sie nur willkommen sein." Die Kastenhöhe wird an den Seiten 1 m 70 betragen müssen.

Höchst unangenehm ist das teils durch Vibrierung, teils durch lose, nicht genau passende Teile hervorgerufene Geräusch, das während des Fahrens in vielen Coupés entsteht. Solches Geräusch zu beseitigen, gelingt nur in den seltensten Fällen, denn es hält zumeist sehr schwer, die Ursachen desselben festzustellen. Selbst bei sorgfältigster Konstruktion und Zusammenfügung aller Bestandteile des Wagens kann z. B. das Brummen oder Vibrieren nicht immer mit Sicherheit verhütet werden. Ein ziemlich zuverlässiges Schutzmittel ist jedoch, dem Coupédache eine kleine Wölbung zu geben. Die Erfahrung lehrt nämlich, dass derartig konstruierte Coupés weniger „musikalisch" sind, wie die mit ganz flachem Dach.

Von der inneren Ausstattung eines Coupés verlangt der moderne Geschmack den höchsten Komfort verbunden mit vornehmer Eleganz. Die Garnierung wird zumeist aus dunklem Tuch oder Maroquin bestehen, doch sieht man vielfach auch Atlas hierzu verwendet. Hochmodern und ganz dem neuesten Pariser Geschmack entsprechend ist es, den zur Garnierung bestimmten Stoff glattgespannt und nicht abgeheftet (capitonné) anzubringen. Allerdings erfordert diese Methode geschicktere Arbeiter, denn so mancher Fehler, der in den Falten des capitonnierten Ausschlages verschwinden würde, tritt auf der glatten Fläche mit brutaler Deutlichkeit zu Tage.

Was die weitere, zeitgemässe Ausstattung des Coupés anbelangt, dürfte wohl der patentierte Signalapparat (Fig. 44 A und B), der die Insassen des Wagens in Stand setzt, dem Kutscher, ohne die Fenster zu öffnen, ihre Befehle zu übermitteln, in erster Reihe unter denjenigen Gegenständen zu nennen sein, die wesentlich zum Komfort der Fahrgäste beitragen. Dieser Apparat besteht aus zwei mit beweglichen Zeigern versehenen Platten, auf welchen die Kommandoworte „Vorwärts“, „Rechts“, „Links“, „Langsam“, „Schneller“, „Halt“, „Kehrt“ und „Nach Hause“ zu lesen sind. Die Platte A wird vor dem Sitz des Kutschers am Kotschirm befestigt. Von dieser Platte führt eine

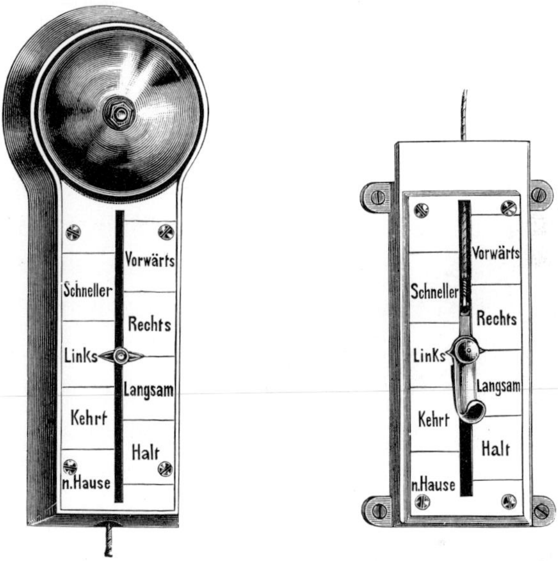

A. B.

Fig. 44. Signalapparat für Coupé.

Schnur oder Kette zu der zweiten Platte (B), die einen passenden Platz im Innern des Wagens erhalten hat. Will sich nun der Fahrgast mit dem Kutscher in Verbindung setzen, so stellt er den Zeiger auf das mit seinen Wünschen übereinstimmende Kommandowort. In demselben Augenblick ertönt die Glocke des äusseren Apparates und gleichzeitig bewegt sich der dortige Zeiger bis zu dem Punkt, der vom Fahrgaste mittelst des auf der Platte B angebrachten Zeigers angegeben worden ist. Da der Apparat eine sehr zierliche, wenig Platz in Anspruch nehmende Form erhalten hat, kann derselbe auch in dem kleinsten

Wagen bequem untergebracht werden; ausserdem ist er so sorgfältig und akkurat gearbeitet, dass ein Versagen des höchst einfachen Mechanismus nahezu ausgeschlossen erscheint.

Wie sehr der hier geschilderte Signalapparat, von seinem englischen Erfinder „The Route Indicator“ genannt, dem bisher verwendeten Sprachrohre überlegen ist, braucht nach dem obigen wohl kaum besonders hervorgehoben zu werden. Nicht genötigt zu sein sich von seinem Sitze zu erheben und mit schreiender Stimme Befehle zu erteilen, die trotzdem im Strassengetümmel der Grossstadt leicht vom Kutscher überhört werden können, ist doch gewiss ein Vorteil, der jedem Equipagenbesitzer auf den ersten Blick einleuchten wird.

Fig. 45. Alarm-Glocke für den Kutscher.

Will man dagegen dem Kutscher ein Mittel an die Hand geben sich stets freie Bahn zu sichern, was ja, besonders mit auf Gummirädern laufenden Wagen und in grossen Städten unbedingt zu empfehlen ist, so schaffe man sich die in Fig. 45 abgebildete Alarmglocke an. Diese wird am Fussbrette des Kutschbockes angebracht, so dass der Kutscher sie jeden Augenblick mit dem Fusse in Thätigkeit setzen kann. Man braucht nicht zu befürchten, dass der Wagen durch diesen Apparat verunstaltet wird, denn wie aus unserer Abbildung eines Dreiviertel-Coupés (Fig. 43) zu ersehen ist, nimmt derselbe nur einen sehr geringen Platz ein.

Sehr angenehm für den Fahrgast ist es auch, während der vielleicht mehrstündigen Fahrt nicht jene zahlreichen kleinen Gegenstände entbehren zu müssen, die eine praktisch eingerichtete Reisehandtasche zu enthalten pflegt, wie z. B. Uhr, Cigarrenetui, Notizbuch, Tintenzeug, Spiegel, diverse Toiletteartikel u. s. w. Ein Nécessaire der in Fig. 46 abgebildeten Form sollte daher ebenfalls in keinem eleganten Coupé fehlen.

Fensterrahmen aus Gummi (Colcloughs Patent) werden in neuester Zeit beim Wagenbau vielfach benützt. Auch diese tragen insofern zum Komfort der Fahrgäste bei, als sie das so störende Klirren und Klappern der Fenster gänzlich beseitigen. Dass sie ausserdem weder schwellen noch zusammenschrumpfen und das Einsetzen neuer Glasscheiben in keiner Weise erschweren, sind weitere Vorteile, die ihre zunehmende Beliebtheit wohl erklären.

Dunkle Farben, zumal Braun, sind für das Coupé noch immer die modernsten, doch beginnt man in Paris bereits damit hie und da ein schönes Rot für das Gestell zu verwenden. Ob

Fig. 46. Nécessaire mit Uhr für Coupé.

hierin eine flüchtige Laune der Fashion, Sucht nach etwas Apartem oder das erste Anzeichen einer kommenden Mode zu erblicken ist, wird die nächste Zukunft lehren.

Das zweispännige Coupégeschirr muss mit dem Charakter der ganzen Equipage harmonieren, also den Stempel vornehmer aber einfacher Eleganz zur Schau tragen. Dies wird der Fall sein, wenn man bei der Zusammenstellung desselben folgendes beobachtet: Das Kopfgeschirr erhält Stirnband und Seitenmedaillons aus Metall, Stirnstück, viereckige, mit kleiner Krone geschmückte Scheuleder, Buxtonkandare mit Unterlegtrense und Aufsatzzügel; das leichte Kummet hat plattierten Kummetbügel und ebensolche Zügelringe; auf den ebenfalls leichten und plattierten Kammdeckeln ist dieselbe Krone wie auf dem Scheuleder angebracht; Schwanzriemen und, am Mittelstück wie an der Endschlaufe mit Krone verzierte Rückenriemen dürfen nicht fehlen; alle Schnallen sind plattiert und haben die viereckige Form; am Bauchgurt ist ein bis zum Kummet führender Sprungriemen eingeschnallt; die Aufhalter sind aus Leder; zu den Leitseilen bezw. deren Handstücken wird braunes Leder genommen.

Die Pferde, die ein solches Geschirr mit Anstand tragen sollen, werden eine Höhe von 155—160 cm, viel Schnitt und eine steppende Aktion haben müssen. Die beliebtesten Farben für Coupépferde sind Braun und Fuchs.

Für Herrschaften, die sich in der angenehmen Lage befinden, mit ihren Equipagen die höchste Eleganz anzustreben, wollen wir schliesslich noch hinzufügen, dass wenn sich eine Dame im Coupé befindet, stets auch ein Groom neben dem Kutscher Platz zu nehmen hat. Dass diese Leute nicht sehr gross und schwer sein dürfen, ist, wenn man die zierliche Form des Wagens berücksichtigt, leicht einzusehen. Streng genommen sollte der Groom sogar immer etwas kleiner als der Kutscher sein. So wenigstens will es die Etikette haben, wenn ihr unbeschränkte Gewalt zugestanden wird. Unter allen Umständen aber ist darauf zu achten, dass der Diener oder Groom um ein geringes tiefer als der Kutscher sitze, denn überragt ersterer seinen Genossen, so nimmt sich dies auffallend schlecht aus. Die einzige korrekte Livree zum Coupé ist die englische. Da dieselbe bisher noch nicht näher von uns beschrieben worden ist, möge es uns gestattet werden, ihr hier eine kurze Besprechung zu widmen.

Was dieser Livree eine so allgemeine Verbreitung verschafft hat, ist ihre geschmackvolle, ungemein vornehm wirkende Einfachheit. Sehen wir uns zuerst den Kutscher an (Fig. 47 A). Der Rock ist aus schwarzem oder dunkelblauem Tuch; der einzige Schmuck desselben besteht in einem einfachen, schwarzen Sammetkragen und Livreeknöpfen aus Metall. Letztere sind in der Weise verteilt, dass der Rock vorne sechs, hinten vier (und zwar auf jeder Seite zwei von der Mitte abwärts) und an den Ärmeln je 2 (kleinere) Knöpfe hat. Die Schösse sind an den Seiten mit Patten versehen und auch etwas länger als die am Rocke des Dieners. Unter dem Rocke wird eine gestreifte Weste in den Wappenfarben getragen. Diese ragt ungefähr einen halben cm über den Rockkragen hervor. Vielfach wird auch zur Vermeidung von faltigem Sitz nur ein Streifen von dem Stoff der Weste in den Rock eingenäht. Um den Hals trägt der Kutscher einen tadellos geschnittenen, ziemlich hohen Stehkragen, der von einer schneeweissen flachen Kravatte, einem sog. Plastron, umschlossen wird. Tuchnadeln, Umlegekragen oder gar gebundener Schlips sind strenge verpönt. Dasselbe gilt mit Bezug auf Achselstücke, farbige Rockkragen und Ärmelaufschläge. Auch die in der Farbe der Weste gehaltenen, als Einfassung des Rockkragens benützten Litzen, lasse man lieber fort. Die weissen Lederhosen müssen vorzüglich sitzen, was nur dann zu erreichen ist, wenn sie von einem Spezialisten bester Klasse bezogen werden. Falten dürfen sie nicht werfen; drücken aber auch nicht, und darin liegt eben die Schwierigkeit; denn sobald die Hosen gekollert werden, laufen sie immer etwas ein. Der Schneider wird also nicht von vorneherein auf vollkommen faltenlosen Sitz hinarbeiten dürfen, sondern sozusagen eine Zukunftshose erzeugen müssen. Dass dies nicht der erste beste Kleiderkünstler fertig bringt, ist nicht zu ver-

Fig. 47 A. Kutscher in englischer Livree.

wundern. Mit Bezug auf die Hosen wäre schliesslich auch noch zu erwähnen, dass die vom Knie abwärts angebrachten Perlmutterknöpfe nur dann korrekt sitzen, wenn die obersten derselben ihren Platz an der äusseren Seite des Wadenbeines unmittelbar unter der Kniescheibe erhalten haben.

Fig. 47 B. Kutscher im Paletot.

Die Stiefel des korrekt gekleideten Kutschers stammen ebenfalls aus einer renommierten Werkstatt. Man sieht dies schon an der hocheleganten Form der Stulpen und Röhren. Erstere haben die richtige Farbe (hell und rauh), sind weder zu lang noch zu kurz und schmiegen sich wie ein Blatt Papier um die glänzenden Röhren. Letztere sinken nicht wie eine Ziehharmonika in sich selbst zusammen, sondern zeigen stets eine glatte, faltenlose Oberfläche. Die Form des Fusses und der Absätze ist die von der elegantesten Mode vorgeschriebene, und was Material und Ausführung anbelangt, könnte der Stiefel ebenso gut für den Fuss eines verwöhnten Gentlemans bestimmt sein. Auch der stets funkelnagelneue Hut des Kutschers unterscheidet sich durch nichts von dem eleganten Cylinder seines Herrn. Eine unmoderne abgenützte Angströhre auf dem Haupte des Rosselenkers giebt immer zu der Vermutung Anlass, dass der Mann die abgelegte Garderobe seines Gebieters spazieren fährt. Tressen am Hut verträgt die englische Livree selbstverständlich nicht, aber auch die Kokarde kann nur dann als ein korrekter und stilgerechter Hutschmuck angesehen werden, wenn sie die Wappenfarben des Equipagenbesitzers wiedergiebt. Wo ein Wappen nicht vorhanden, hat demnach die Kokarde keinen Sinn.

Der Kutscherpaletot hat zwei Knopfreihen, jede zu sieben

Fig. 48 A. Groom in englischer Livree. Vorderansicht.

Fig. 48 B. Groom in englischer Livree. Rückenansicht.

Knöpfen und ist mit Patten besetzt. Die richtige Länge hat er, wenn er knapp bis über den oberen Rand der Stulpen reicht (Fig. 47 B).

Die Handschuhe sind von rotbrauner Farbe und aus Hundeleder („Dogskins“); weisse waschlederne werden nie zur englischen Livree getragen.

Die Kleidung des mitfahrenden Dieners oder Grooms ist bis auf einige wenig in die Augen fallende Details ganz dieselbe wie die des Kutschers. Zu beachten bleibt nur, dass der Rock des Dieners (Fig. 48 A) keine Patten, kürzere Schösse, vorne

Fig. 48 C. Groom im Paletot.

Fig. 49. Stallmann im Interimsanzug.

um einen Knopf weniger und hinten von der Taille abwärts auf jeder Seite drei Knöpfe erhält (Fig. 48 B). Ferner machen wir darauf aufmerksam, dass der Diener, der ja durch seine dienstlichen Obliegenheiten häufig genötigt wird, vom Bock herab und wieder hinauf zu voltigieren, aus praktischen Gründen auch mit einem kürzeren Paletot versehen werden muss. Dieser sollte stets so geschnitten sein, dass er die weiter oben erwähnten Perlmutterknöpfe der Lederhose frei lässt. Jede grössere Länge ist von Übel und ausserdem gegen die Vorschrift. Ein weiterer Unterschied zwischen dem Paletot des Dieners und dem des Kutschers besteht darin, dass auf ersterem wie auch auf dem Rocke die Patten fehlen.

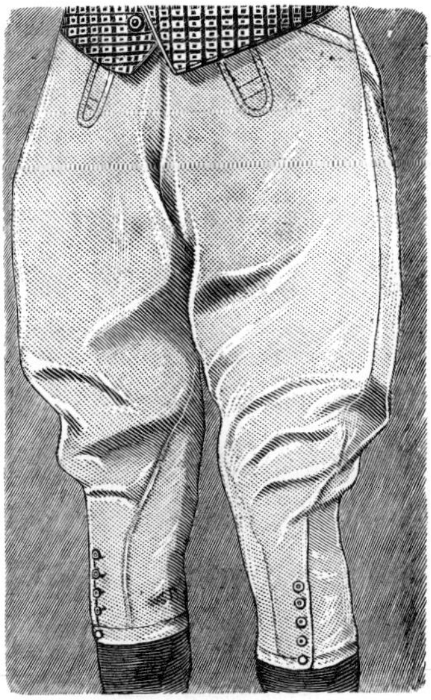

Fig. 50. Breeches modernster Form.

Wie sich der Interimsanzug der Stallleute ausnimmt, zeigt Fig. 49. Dieser wird in der Regel aus lichtem, drapfarbigem Tuch oder auch aus Manchester angefertigt. Sorgfältig ist darauf zu achten, dass die Breeches und Gamaschen den richtigen, englischen Schnitt erhalten, denn einen ebenso komischen, wie hässlichen Eindruck machen diese Kleidungsstücke, wenn sie aus der Werktstatt eines Pfuschers hervorgegangen. Wir erlauben uns daher auf Fig. 50 hinzuweisen, welche die Form moderner Breeches deutlich zur Anschauung bringt. Auch zum Interimsanzug trägt der Kutscher die für die Livree vorgeschriebenen Stehkragen, Kravatten und Handschuhe. Der Hut dagegen zeigt die bekannte niedrige Form. In vielen aristokratischen Etablissements wird jedoch zur „petite tenue“ auch der in Fig. 51 abgebildete Kutscherhut benützt. Eine Mütze aber, gleichviel welcher Form und Ausstattung, ausserhalb des Stallhofes zu tragen, ist dem Stallpersonal streng verboten. Möchte doch diese Bemerkung dazu beitragen, jener schauderhaften Kopfbedeckung den Garaus zu machen, die aus einer betressten, mit einer Nationalkokarde geschmückten

Fig. 51. Kutscherhut.

Schirmmütze besteht. Tressen und das höchste Négligé! Weshalb nicht auch Ordensbänder am Nachthemd?

Im Dienst wird der Interimsanzug zum Bewegen der Pferde und zu Fahrten über Land mit Fuhrwerk rein sportlicher Gattung benützt. Soll derselbe aber stets einen sauberen und eleganten Eindruck machen, so wird man dem Personal noch einen besonderen Stallanzug bewilligen müssen. Dieser besteht in vornehmen Etablissements aus einem Ärmelleibel in den Livreefarben, Breeches aus Manchester und braunledernen Gamaschen (Fig. 52).

Fig. 52. Stallanzug.

Da wir nun schon von unserem eigentlichen Thema, der Beschreibung verschiedener zweispänniger Equipagen, abgewichen sind, wollen wir gleich die Gelegenheit wahrnehmen und auch klarstellen, welchen Standpunkt wir zu der alten Streitfrage von der Schädlichkeit bezw. Unentbehrlichkeit des Aufsatzzügels einnehmen. Kommen wir doch bei der Besprechung der für den Stadtgebrauch bestimmten Geschirre oft genug in die Lage, genannten Züge zu erwähnen.

Um keine Verschwendung mit dem Raum zu treiben, den wir für derartige Betrachtungen erübrigen können, erklären wir sofort, dass wir unbedingte Anhänger eines vernünftigen Gebrauches des Aufsatzzügels sind. Wir befinden uns hierbei in erfreulicher Übereinstimmung mit allen Fachmännern, die langjährige Erfahrung im Fahren schneidiger Blutpferde erworben haben. Die Vertreter der Ansicht, dass der Aufsatzzügel ein Torturinstrument für das Pferd sei, dürften dies kaum von sich sagen können. Es ist daher nicht zu verwundern, dass trotz der Ströme von Tinte, die vergossen worden sind um jenes

,Torturinstrument" aus der Welt zu schaffen, alles beim alten geblieben.

Wir sprachen soeben von einem vernünftigen Gebrauch des Aufsatzzügels. Ein solcher ist allerdings vollkommen ausgeschlossen, wenn man sich der in Fig. 53 abgebildeten, verschärften Form dieses Zügels bedient. Hier haben wir es nämich mit einer hebenden Kraft zu thun, dic doppelt so gross, ıls die der Aufsatzzügel älterer Gattung. Der Schmerz, der lem Pferde dadurch verursacht wird, muss ein sehr intensiver sein. Jede Bewegung der Nacken- und Halsmuskeln ist behindert, und sollte las Pferd einen Fehltritt machen, so kann von einer Wiedergewinnung des Gleichgewichtes keine Rede sein. Eine natürliche Folge hiervon ist, dass das gemarterte Tier unruhig und widerspenstig wird. Man braucht dasselbe edoch nur anzusehen, um die Überzeugung zu gewinnen, dass die Ursache dieser Gemütsstimmung nicht Bosheit, ondern unleidlicher Schmerz ist. Hieru kommt ausserdem noch, dass ein olcher Aufsatzzügel nicht losgehakt verden kann, ohne dass die Trense dem Pferde aus dem Maul ällt. Das beklagenswerte Tier muss deshalb die Zwangsjacke uch während längerem Stillstehen oder beim Erklimmen steiler Anhöhen anbehalten.

Fig. 53. Zu scharf wirkender Aufsatzzügel.

Ganz anders aber verhält es sich mit dem Aufsatzzügel der ewöhnlichen altbewährten Form. Dieser kann sogar unter gewissen Umständen von grossem praktischem Nutzen, ja vollommen unentbehrlich sein.

Erfahrene Fachmänner — wir nennen nur den Herzog von Beaufort, Major Dixon, Colonel Hugh Smith Baillie, Lord Alernon St. Maur, Lord William Pitt Lennox, Captain Malet, die bekannten Sporting-Schriftsteller Nimrod, Harry Hieover, Friedrich Hamelmann u. v. a. Meister der Fahrkunst — empfehlen daher auch einstimmig eine vernünftige Anwendung des Aufsatzzügels. Der Herzog von Beaufort z. B. schreibt: „Wo ist der Mann, der mehrere Stunden nacheinander vier kräftige Pferde halten könnte? Wie richtig es auch sein möge, Rücksicht auf das Wohlbefinden der Pferde zu nehmen, fordert also die Sorge für unsere eigene Sicherheit, dass wir uns beim Vierspännigfahren des Aufsatzzügels bedienen. Dies ist um so notwendiger, als ein Pferd, das den Kopf nach Belieben bewegen kann, jeden Augenblick imstande ist, das Kopfgeschirr an dem Genossen oder der Deichsel abzustreifen und ein Unglück dann kaum zu vermeiden sein dürfte." Harry Hieover äussert sich folgendermassen: „Die Equipage ohne Rucke und Stösse an einer Menge anderer Wagen vorbei zu lotsen, ist eine Aufgabe, die den Kutscher auf dem „qui vive" erhält, und soll er dies leisten können, so müssen auch die Pferde auf den „qui vive" sein. Das ist's eben, was wir mit dem Aufsatzzügel erreichen wollen." Altmeister Friedrich Hamelmann hält es ebenfalls nicht mit den Theoretikern. In seinem vortrefflichen Werkchen „Die Fahrkunst" kommen nämlich Seite 31 und 32 folgende Zeilen vor: „Der Aufsatzzügel spielt beim Fahren eine wesentliche Rolle. — — Ist das Pferd auf seinem Vorderteil schwach und die hintere Partie stark gebaut, so hat man den Aufsatzzügel kräftig wirken zu lassen, damit die eigene Last des Pferdes dadurch mehr auf das stärkere Hinterteil verlegt werde; ist es aber auf seinem Hinterteil schwach, so soll so wenig als möglich aufgesetzt werden; auch ist auf die Bauart des Halses und des Kopfes hierbei Rücksicht zu nehmen. Vermöge des Aufsatzzügels sind wir imstande, das Pferd in ein natürliches Gleichgewicht zu setzen und in Schwächen und Gebrechen zu unterstützen — — Ausser den eben besprochenen Vorteilen, welche das Aufsetzen gewährt, erhöht es auch noch um ein bedeutendes das Ansehen des Pferdes, welches dadurch ein recht stattliches wird. Manche Herren ziehen es vor, ihre Pferde ohne Aufsatzzügel zu fahren. Dies ist jedoch nur bei leichten Pferden (Jucker) von regem, feurigem Temperament zulässig. Bei schweren Pferden, sog. Karrossiers, darf das Aufsetzen niemals unterlassen werden."

Sollten wirklich alle diese alten Praktiker, die dem Fahren ihr ganzes Leben hindurch mit Passion obgelegen sind, den von den Theoretikern als „Torturinstrument" bezeichneten Hilfszügel ohne jeden reellen Grund so warm empfohlen haben? Das wird sich doch gewiss niemand einreden lassen. Missbraucht können freilich auch die nützlichsten Dinge werden. Weniger nützlich sind sie aber darum doch nicht.

Der Zweck der Aufsatzzügel ist, wie bereits erwähnt, ein doppelter. Zuerst sollen sie verhindern, dass das Pferd bei zweispänniger Anspannung das Gebiss an die Deichsel festhakt und sich dann das Kopfgeschirr abstreift. Dies ist nun allerdings kaum zu befürchten, wenn die Fahrt ohne Aufenthalt bis ans Ziel fortgesetzt wird; beim Stadtdienst und wenn die Fahrenden Besuche machen oder Einkäufe besorgen, kann es aber sehr leicht vorkommen. Die Pferde schwitzen unter dem Geschirr, und ganz besonders wird man unter dem Kopfgestell stets eine bedeutende Schweissbildung wahrnehmen können. Dies giebt nun Anlass zu einem mehr oder weniger irritierenden Hautjucken, auch lockt der Schweiss die Fliegen herbei; es ist daher nicht zu verwundern, dass das Tier ein Verlangen darnach spürt, sich an irgend einem festen Gegenstand zu scheuern und da die Deichsel ihm am nächsten liegt, wird sie auch in erster Reihe hierzu benützt werden. Der Aufsatzzügel setzt diesem an und für sich ganz natürlichen, aber mit grossen Gefahren verknüpften Begehren bestimmte Grenzen. Ferner verleiht er dem Kutscher grössere Macht über hartmäulige, scharf ins Zeug gehende Pferde. Die direkte Wirkung dieses Zügels ist nämlich, dem Pferde den Kopf höher zu stellen. Dadurch wird aber auch der Gang des Tieres verkürzt, mehr versammelt, und das Durchgehen erschwert. In grösseren Städten, wo scharfe und plötzliche Paraden jeden Augenblick notwendig werden können, ist es deshalb immer anzuraten, sich einer Vorrichtung zu bedienen, die den Gehlust eines stark gefütterten, wenig beschäftigten Tieres einen heilsamen Dämpfer aufsetzt. Schliesslich ist es denn doch besser, dass der Gaul auf den Aufsatzzügel als auf die Hand des Kutschers bohrt.

Dieser viel verlästerte Hilfszügel hat aber noch eine andere äusserst wohlthätige Wirkung. Er erleichtert dem ermüdenden Pferde die Zugarbeit. Dass dies keine leere Behauptung, ergiebt sich aus folgenden Thatsachen.

Das Bewegungszentrum liegt, ob sich das Tier nun bewegt oder im Zustande der Ruhe befindet, im Mittelpunkt des Rückens ungefähr dort, wo eine perpendikuläre Linie den 14. Rückenwirbel treffen würde. Der Schwerpunkt dagegen liegt etwas weiter vorwärts und zwar je nach der Bauart verschiedener Pferde zwischen dem 10. und 13. Rückenwirbel.

Für das Pferd ist es selbstverständlich am vorteilhaftesten wenn diese beiden Punkte einander möglichst nahe gebracht werden.

Die Lage des Schwerpunkts vor dem Bewegungszentrum wird durch die langgestreckte, geradlinige Form des Pferdehalses bedingt. Diese hat nämlich zur Folge, dass der Kopf seinen Platz weit ausserhalb der Basis des Körpers erhält. Hierdurch gestaltet sich der an einem Ende mit dem Schädel belastete Hals zu einem kräftigen Hebel, der den Schwerpunkt nach vorwärts, vor den Mittelpunkt des Pferdekörpers schiebt.

Wenn wir nun ein Pferd zum Gebrauch abrichten, so werden diese beiden Punkte, dem hierbei aufgewendeten grösseren oder geringeren Verständnis entsprechend, mehr oder weniger zusammengeschoben. Denn dadurch, dass wir den vom Pferdehalse gebildeten Bogen verkürzen und den Kopf näher an den Rumpf heranbringen, verlegen wir auch den Schwerpunkt weiter nach rückwärts. Durch das Zusammenfallen jener beiden Punkte aber wird das Gleichgewicht geschaffen und dass ein in Gleichgewicht gebrachtes Pferd sich in jedem Dienste als das leistungsfähigste erweisen muss, bezweifelt sogar der Laie nicht.

Eine sehr naheliegende Frage ist daher, wie wir das Wagenpferd, das ja nicht wie das Reitpferd durch den Sitz und die Schenkel des Reiters beeinflusst werden kann, im Gleichgewicht erhalten sollen? Aussergewöhnlich geschickte Fahrer vermögen dies wohl, zumal bei Pferden besonders günstiger Bauart, auch ohne Aufsatzzügel zu erreichen. Solche Fahrer werden jedoch unter den Berufskutschern immer und überall zu den grössten Seltenheiten gehören. Das ist denn auch der Grund, weshalb der Aufsatzzügel nie ganz zu entbehren sein wird.

Wer einige Erfahrung im Fahren besitzt, weiss, dass das Pferd, sobald es die Müdigkeit zu spüren beginnt, den Hals vorstreckt und den Kopf sinken lässt. Eine unzweckmässigere Haltung lässt sich aber kaum denken, denn durch sie wird der Schwerpunkt so weit — über den 10. Rückenwirbel hinaus — nach vorwärts verlegt, dass er nahe bei der Schulter zu liegen kommt. Selbstverständlich genügt dann ein geringer Fehltritt, um das gänzlich aus dem Gleichgewicht geratene Pferd zu Fall zu bringen. Ausserdem aber verliert der mit vorgestrecktem Hals und Kopf dahintrottende Gaul einen grossen Teil seiner Schubkraft. Kann er doch die Muskeln des Rückens und der hinteren Extremitäten nicht entfernt mit demselben Nachdruck gebrauchen, als wenn der Schwerpunkt und das Bewegungszentrum näher beieinander liegen. Wird er dann genötigt, seine Last bergauf zu ziehen, so sieht man ihn die grössten Anstrengungen machen, die Hinterbeine ordentlich unter den Leib zu setzen, aber je mehr er sich anstrengt, desto mehr bleiben diese hinten ab; mit anderen Worten: er zieht sich selbst in Stücke.

Wir erinnern uns aus unserer eigenen Praxis eines Falles, der als Beweis für die Richtigkeit vorstehender Betrachtungen hier angeführt werden mag. Um einem Freunde gefällig zu sein, hatten wir es übernommen, vier sehr mittelmässige Pferde zwei Tage nacheinander zu einem kleinen Renn-Meeting zu fahren. Der Weg führte über gebirgiges Terrain. Am ersten Tage gingen die Pferde auf ausdrücklichen Wunsch ihres Besitzers ohne Aufsatzzügel. Es war eine traurige Fahrt. Bergauf konnten die Gäule den Break kaum im Schritt von der Stelle bringen und als wir endlich den Stall erreichten, schienen sie völlig ausgepumpt zu sein. Dies veranlasste uns, ihnen

Fig. 54. Omnibus.

am folgenden Tage Aufsatzzügel aufzulegen, und siehe da, nun trabten sie ganz lustig die Anhöhe hinan, ohne dabei ausser Atem und Kraft zu kommen. Das hatte der Aufsatzzügel bewirkt. Dank demselben blieben sie im Gleichgewicht, was sie wiederum in Stand setzte, ihre Muskeln und hinteren Extremitäten zweckentsprechend zu gebrauchen.

Wie straff die Aufsatzzügel geschnallt werden sollen, hängt natürlich von dem Zweck ab, den wir mit denselben verfolgen. Als Vorbeugungsmittel gegen das Abstreifen des Kopfgestelles können sie ziemlich lang gelassen werden; sollen sie aber dem

Effekt vollwichtigen Hafers und andauernden Nichtsthuns entgegenwirken, so müssen wir sie verkürzen. Dass die Aufsatzzügel das Gebiss nicht in die Lefzenwinkel hinaufziehen dürfen, ist selbstverständlich. Richtig geschnallte Aufsatzzügel lassen augenblicklich bedeutend nach, wenn das Pferd beim Antraben den Kopf in die Höhe giebt.

Und nun wollen wir wieder zu unseren zweispännigen Equipagen zurückkehren.

Um bei der die Übersicht erleichternden Einteilung: gedeckte, halbgedeckte und offene Fuhrwerke zu bleiben, werden wir zunächst noch einen gedeckten Wagen und zwar den für Luxuszwecke bestimmten Omnibus (Fig. 54) in Augenschein nehmen.

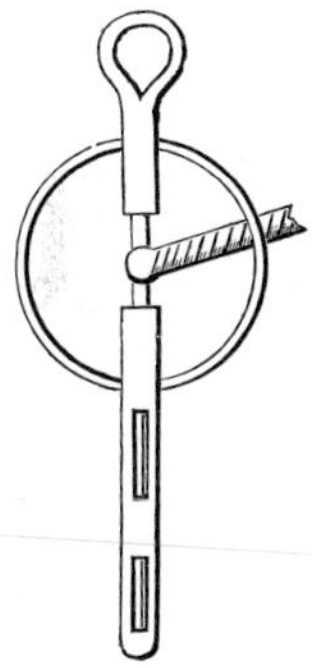

Fig. 55. Liverpool-kandare.

Ein solcher Omnibus ist wegen seiner vielseitigen Verwendbarkeit in einem grösseren Etablissement kaum zu entbehren. Will man z. B. in grösserer Gesellschaft von oder nach der Bahn fahren, einen ländlichen Ausflug unternehmen, oder den Insassen der Kinderstube die Teilnahme an einem Pic-nic gestatten, so kann man hierzu keinen passenderen Wagen als den Omnibus benützen. Für Gepäck, Proviantkörbe und dergl. ist reichlicher Raum auf dem Verdeck vorhanden, der durch Entfernung des dortigen Sitzes noch bedeutend erweitert werden kann. Ausserdem fährt sich dieser Wagen infolge seiner Bauart ungemein leicht, so dass auf guten Wegen auch bei starker Belastung zwei Pferde vollkommen für denselben genügen.

Zu der inneren Garnierung des Omnibus wird stets Leder oder Tuch genommen. Die Lackierung darf, ja soll, lebhafte Farben zeigen, z. B. Kasten: schwarz, Gestell: gelb oder rot, schwarz beschnitten; Kasten: schwarz und gelb, Gestell: grün; Kasten: schwarz und hellblau, Gestell: hellblau, schwarz beschnitten und ähnliche Farbenzusammenstellungen.

Die Pferde, die nicht zu leicht sein dürfen und eine Höhe

von 158—160 cm haben müssen, erhalten einfaches Coupégeschirr mit Liverpoolkandare, (Fig. 55) aber ohne Rückenriemen. Einfachheit ist überhaupt bei der Herstellung dieser Equipage dringend geboten, wesshalb auch die Dienerschaft nur wenn der Omnibus nachmittags von den Damen des Hauses und deren Gästen zu Ausfahrten benützt wird, volle Livree tragen darf. Sobald aber die Mitnahme von Gepäck auf dem Programm steht oder die Beobachtung strengerer Formen aus anderen Gründen überflüssig erscheint, haben Kutscher und Groom im Interimsanzug zu erscheinen.

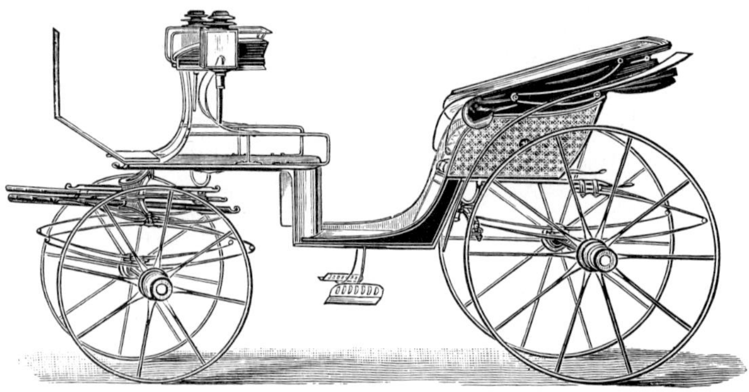

Fig. 56. Gepäck-Victoria.

Ein originelles Gefährt, das sich ebenfalls vortrefflich zu Bahnhofsfahrten und Jagdausflügen eignet, ist die französische Gepäck-Victoria (Fig. 56). Eine ausführliche Beschreibung dieses Wagens brachte das Septemberheft 1896 des mustergiltig redigierten französischen Fachjournals „La Carrosserie Française", dem wir auch die vorstehende Zeichnung entnommen haben. Wie aus derselben hervorgeht, befindet sich unter dem Kutschbock eine Plattform zur Aufnahme des Gepäcks. Diese kann aber auch vermittelst eines zum Anschnallen eingerichteten Polsters in einen Sitzplatz für zwei Personen verwandelt werden. Ferner bleibt zu bemerken, dass das Gepäck, wenn erforderlich, zwischen den eisernen Stützen des Kutschbockes bis zum Kotschirm vorgeschoben werden kann. Gegen den von den Vorderrädern aufgeworfenen Strassenkot würde ein zu beiden Seiten der Plattform mit Leichtigkeit anzubringender kleiner Kotflügel ausreichenden Schutz gewähren.

Die innere Garnierung besteht aus Tuch; für die Lackierung bringt das französische Blatt strohgelben Kasten und gelbes, schwarz beschnittenes Gestell in Vorschlag. Die Plattform erhält gefirnissten Naturholzanstrich und wird zur grösseren Sicherheit mit Streifen aus Eisenblech beschlagen.

Der sauber ausgeführte Planriss einer solchen Gepäck-

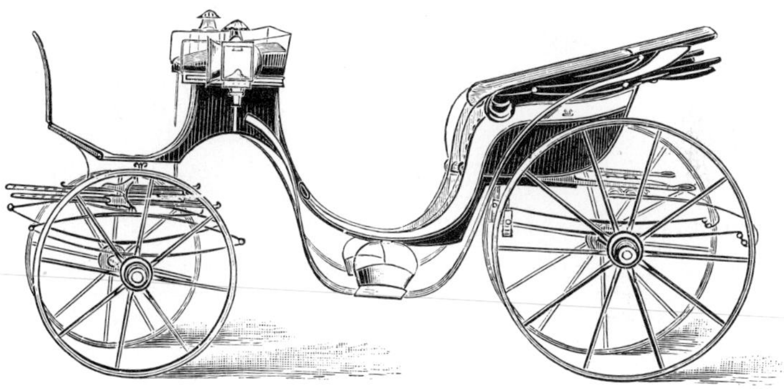

Fig. 57. Zweispännige Victoria.

Victoria ist zum Preise von 40 Francs von Mons. L. Lagard, 22 rue des Acacias, Paris, zu beziehen.

Ein einziger Blick auf die für den gewöhnlichen Stadt- und Parkgebrauch bestimmte Victoria (Fig. 57) lehrt, dass dieselbe zu einer weit vornehmeren Klasse gehört, als der soeben beschriebene Wagen. Zur höchsten Eleganz fehlen ihr allerdings die „huit ressorts", doch das ist eher ein Vorteil zu nennen, denn für den alltäglichen Gebrauch passt kein Fuhrwerk, das durch seinen pompösen Stil sofort die allgemeine Aufmerksamkeit auf sich lenkt.

Bis vor kurzem war die erst vor einigen Jahren zur Herrschaft gelangte Mode der tiefen, bauchigen Kasten — die sog. Bateau-Form — obligatorisch für alle Victorias. In neuester

Zeit macht sich jedoch, besonders in Paris, die Tendenz geltend, wieder zu der früheren leichteren Bauart zurückzukehren. Man will eben immer etwas Neues haben. Die Wagenmoden wechseln aber aus nahe zur Hand liegenden Gründen nicht so schnell und häufig wie die Kleiderschnitte. Die runden, tiefen Kasten (vergl. Fig. 60) dürften daher noch geraume Zeit hindurch das Feld behaupten. Dass bereits eine, vorläufig allerdings nur schüchterne, Opposition gegen dieselben wahrgenommen werden kann, steht jedoch fest und ist freudig zu begrüssen.

Die elegantesten, wie auch die extravagantesten Victorias sieht man gegenwärtig in New-York, Boston und Chicago. Das kommt daher, dass es dort zahlreiche Öl-, Schmalz- und sonstige „Könige" giebt, die hauptsächlich ihren Frauen zu Liebe, sich ehrliche Mühe geben, Staunenswertes auf dem Gebiete des Luxus zu leisten. „Vor allem teurer und schöner wie in London, Paris oder Wien!" heisst es in jenen Kreisen, sobald etwas Neues für die Damen des Hauses angeschafft werden soll. Selbstverständlich kommt dies auch dem Fahrsport zu gute. Und da nun die amerikanischen Wagenfabrikanten über ein vorzügliches Material und sehr geschickte Arbeiter verfügen, werden wir wohl demnächst unsere Equipagenmoden aus New-York beziehen müssen, demselben New-York, das noch vor zehn Jahren kaum ein einziges wirklich elegantes, nicht zur Kategorie der Buggies gehörendes Fuhrwerk aufzuweisen vermochte.

Besonders mit der Garnierung eleganter Wagen wird in Amerika ein unerhörter Luxus getrieben. So fuhr dort die auch in Europa bekannt gewordene Miss Pullman in einer Victoria, deren Garnierung aus Silberbrokat bestand. Wer sich das nicht leisten kann, nimmt schwarzen Atlas, falls ihm nicht violett besser zu Gesicht steht. Immer aber passt die Toilette der Insassin bis auf die Handschuhe zur Garnierung des Wagens. Dazu kommen dann noch möglichst viele, ebenfalls mit genauer Berücksichtigung der Farben gewählte Blumen auf dem Schosse der Dame und im rückwärtigen Teil des Wagens. Manche der über die Boulevards von New-York und Paris rollenden Victorias gleichen einem auf Rädern gestellten Blumenbeete. Wer dann noch ein übriges thun will, versieht das Verdeck der Victoria mit seinem in Gold oder Silber ausgeführten Monogramm.

Die Idee mit den Blumen ist jedenfalls sehr hübsch und verdient auch in Deutschland Eingang zu finden. Amerika steht überhaupt im Begriff, die führende Rolle auf dem Gebiete des Fahrsports zu übernehmen. Geschmacklosigkeiten gehören jedoch im Lande des Dollars keineswegs zu den Seltenheiten und

Fig. 58. Victoria österreichisch-ungarischer Form.

darum wird man wohlthun, sich mit Bezug auf die amerikanischen Moden von dem bekannten Spruch: „Prüfet alles und behaltet das Beste" leiten zu lassen.

Für unsere Verhältnisse passt unzweifelhaft eine aus Tuch oder Maroquin bestehende Garnierung am besten. Dass diese in eleganteren Wagen glattgespannt sein muss, haben wir bereits bei der Besprechung der Coupés hervorgehoben. Auch die Mode der dunkeln Farben für Coupés, Victorias und Landauer können wir zur Darnachachtung nur empfehlen. Zusammenstellungen hellerer und dunklerer Schattierungen derselben Farben werden hierdurch nicht ausgeschlossen. So ist z. B. auf der in Fig. 57 abgebildeten Victoria der um den dunkelvioletten Kasten gezogene Fries von lichtvioletter Farbe wie das Gestell. Grelle Kontraste zwischen den Farben sind jedoch stets zu vermeiden. Fig. 58 stellt eine schneidige Victoria österreichisch-ungarischer Form dar.

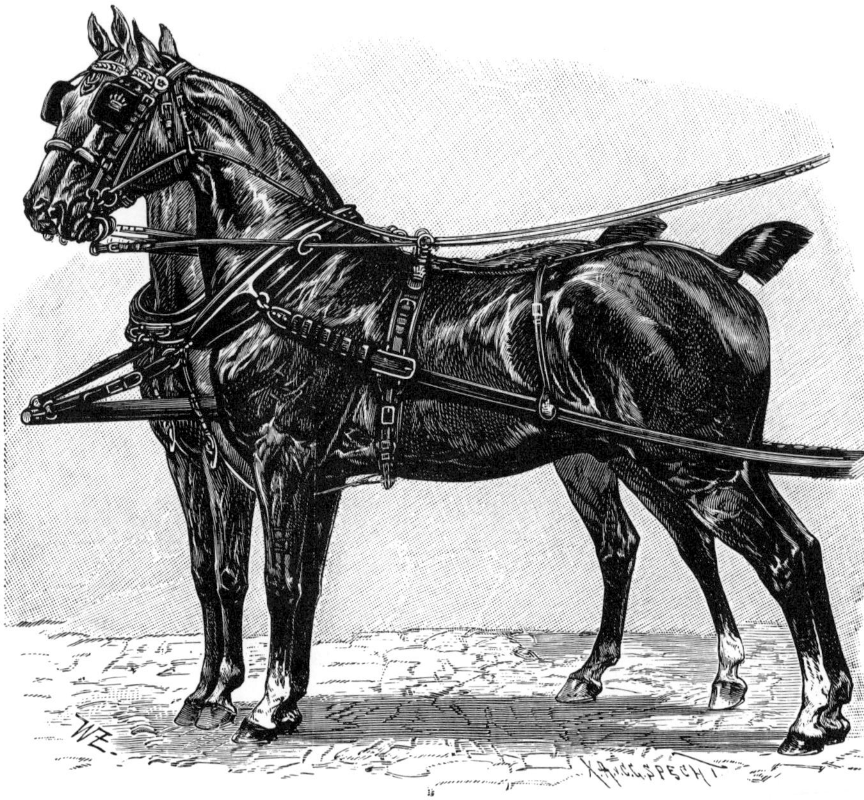

Fig. 59. Typisches Victoria-Gespann.

Zur Garnierung der hier in Rede stehenden Victoria würden wir perlgraues Tuch oder Maroquin in der Farbe des Kastens wählen.

Mit Bezug auf die Bespannung, das Geschirr und die Livree gelten dieselben Vorschriften wie für das Coupé. Wir verweisen daher den Leser auf das weiter oben hierüber mitgeteilte und ergänzen dies nur durch die Abbildung eines typischen Coupé- oder Victoriagespannes (Fig. 59 und 60).

Nahe verwandt mit der Victoria, aber um vieles vornehmer wie diese, ist der Duc (Fig. 61), der in Deutschland zu den Damenphaëtons gezählt wird. Wie aus der Abbildung zu ersehen, unterscheidet sich der Duc von der Victoria hauptsächlich dadurch, dass er zum Selbstkutschieren eingerichtet ist und daher anstatt des Kutschbockes rückwärts einen Sitz für den

Fig. 60. Dasselbe Gespann vor der Victoria.

mitfahrenden Groom erhalten hat. Wir bemerken indessen ausdrücklich, dass dieses hochelegante Gefährt zu denjenigen Artikeln gehört, welche durch die Spitzmarke „Nur für Damen“ von der Benützung durch die Herren der Schöpfung ausgeschlossen worden sind. Selbstverständlich ist das ein Grund mehr, weder Mühe noch Kosten zu scheuen, um den Duc zu einem würdigen Rahmen für Schönheit, Anmut und Eleganz zu gestalten. Soll dies erreicht werden, so müssen der Wagen, das Geschirr, die Pferde, die Livree, Figur und Haltung des Grooms und last not least die Toilette der kutschierenden Dame, sowohl einzeln für sich wie als Bestandteile des Gesamtbildes betrachtet, dem

Kenner nichts zu wünschen übrig lassen. Eine leichte Aufgabe ist demnach die Zusammenstellung einer stilgerechten Duc-Equipage nicht und eine billige wahrlich auch nicht.

Der Kasten des Ducs hat die moderne, runde und tiefe Form, ohne jedoch durch eine Übertreibung derselben aufzufallen. Die Lackierung kann entweder wie auf unserer Abbildung oder auch in irgend einer dunklen Farbe ausgeführt werden. Sehr hübsch macht sich z. B. ein dunkelgrüner mit feinen gelben

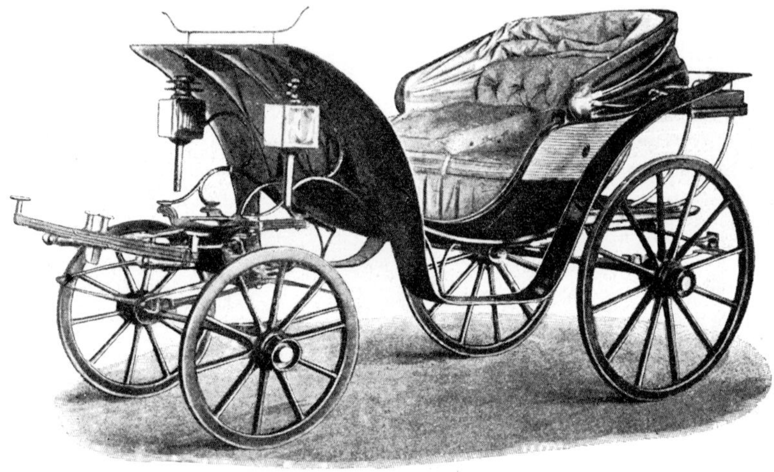

Fig. 61. Duc.

Linien eingefasster Kasten zu einem gelben, schwarz beschnittenen Gestell. Die Garnierung besteht aus hellgrauem, nahezu weissem Tuch.

Dass zu einem solchen Wagen keine grossen Pferde passen, ist selbstverständlich. In Paris sieht man denn auch nur kleine, 140—145 cm hohe Cobs vor den Ducs des „beau monde". Wir sind jedoch der Ansicht, dass kurzbeinige Lippizaner Stepper vornehmster Qualität sich für diesen Zweck noch besser eignen würden. Welchen Pferdetypus man aber auch wählen möge, immer müssen die betreffenden Tiere von kleiner, gedrungener

Statur sein, in geradezu idealer Weise zu einander passen, eine auffallend hohe Aktion besitzen und sowohl Schweif wie Mähne nach Ponyart frisiert, d. h. möglichst kurz gestutzt tragen. — So will es die Modegöttin, die bekanntlich ihre Dekrete nie motivirt, sondern nur mit dem Zusatze „car tel est mon bon plaisir“ zur Kenntnis der vortrefflich disciplinierten Menschheit bringt.

Fig. 62. Damen-Phaëton.

Wird dann noch für ein Kummetgeschirr leichtester und elegantester Gattung gesorgt und ist der in tadelloser englischer Livree gekleidete Groom von einer Figur, die ihm, wenn das „Exterieur“ allein den Ausschlag gäbe, einen hervorragenden Platz unter den „Leichtgewichten“ der Rennbahn sichern würde, so kann die glückliche Besitzerin der Equipage dieselbe überall mit voller Beruhigung in Gebrauch nehmen. Der Neid ihrer Freundinnen und der Beifall der Kenner werden sie auf ihrer Fahrt begleiten.

Unsere Leserinnen wollen ferner beachten, dass zum Selbstkutschieren in der Stadt und deren Parks ausser dem Duc nur noch der in Fig. 62 abgebildete Damen-Phaëton als chic gilt. Eleganter bleibt aber immer der Duc. Dies liegt indessen mehr in der Form des Wagens als in den Details der Ausstattung, denn beide Wagenarten verpflichten zur Entwicklung grösstmöglicher Eleganz. Wir bemerken jedoch, dass der Damen-Phaëton, da er leichter und höher als der Duc ist, auch eine aus leichteren und grösseren Pferden bestehende Bespannung

Fig. 63. Amerikanischer Damen-Phaëton.

verlangt. Das richtige Mass für letztere wird sich zwischen 150 und 155 cm zu bewegen haben. Im übrigen können wir nur auf das weiter oben über die Zusammenstellung einer Duc-Equipage Gesagte hinweisen. Sogar für die Lackierung und Garnierung der hier genannten beiden Wagen, sind dieselben Regeln zu beobachten. Also z. B. olivgrüner Kasten mit zinnoberrotem, fein schwarz beschnittenem Gestell und hellgraue Garnierung.

Eine ländlichere, in Amerika sehr beliebte Form des Damen-Phaëtons zeigt Fig. 63.

Der vornehmste Kutschierwagen für Herrn ist der Mail-Phaëton (Fig. 64).

Zu den modernen Schöpfungen der Wagenbaukunst gehört dieses Gefährt jedoch nicht, denn der erste Mail-Phaëton soll während der Regierung König Georgs IV. von England (1811—1830) herausgebracht worden sein. Trotzdem ist es heute noch ebenso fashionabel wie zu Zeiten des lebenslustigen vierten Georgs. Auch auf dem Gebiete des Fahrsports vermag demnach das wirklich Gute und Schöne den Launen der Mode erfolgreichen Widerstand zu leisten. Nobel in der Form, bequem, geräumig und, dank dem Verdeck, bei schönem wie bei regne-

Fig. 64. Mail-Phaëton.

rischem Wetter gleich verwendbar, besitzt der Mail-Phaëton thatsächlich Vorzüge, die ihn unter den Kutschierwagen als primus inter pares erscheinen lassen. Für Korsofahrten, weitere Ausflüge und Besuche bei benachbarten Gutsbesitzern, kann z. B. ein junges Ehepaar keinen passenderen Wagen wählen. Man sitzt bequem, hat nicht wie auf dem offenen Kutschierwagen die Dienerschaft in seiner unmittelbaren Nähe, kann leicht einige Gepäckstücke in dem geräumigen Kasten unterbringen und braucht nicht bei jedem drohenden Gewölk von Sorge für die Toilette erfasst zu werden. Leider sind diese kaum hoch genug zu schätzenden Vorteile nicht für billiges Geld zu haben. Wer sich eine durchaus korrekt zusammengestellte Mail-Phaëton-Equipage leisten will, muss tief in den Beutel greifen.

Da ist zunächst der in jeder kleinen Einzelheit das Bild solider, kunstverständiger Arbeit bietende Wagen, der nur von einer berühmten, nicht für kleine Preise arbeitenden Wagenbaufirma allerersten Ranges bezogen werden kann. Weniger wie 3000—3500 Mark wird derselbe nicht kosten. Dann kommen die Pferde. Diese stehen dem Carrossiertypus sehr nahe, müssen also eine Grösse von mindestens 162 cm Stockmass haben, sehr egal sein und sich nicht nur durch einen hohen Grad von Adel, sondern auch durch raumgreifende Aktion auszeichnen. Wenn wir in Anbetracht dessen die Anschaffungskosten für Wagen und Pferde mit rund 10000 Mark beziffern, so ist dies sicher eher zu niedrig als zu hoch gegriffen.

Nun fehlen aber noch die Geschirre (mittelschweres plattiertes Modell) und vollständige englische Livree für zwei Leute, denn auf den Rücksitz eines Mail-Phaëton gehören stets Kutscher und Groom in vollkommen gleicher Adjustierung. Unter 12000 Mark ist daher die vollständige Equipage gar nicht zu beschaffen, wenn sie den höchsten Anforderungen entsprechen soll.

Was die bei der Zusammenstellung derselben zu beobachtenden Detailvorschriften anbelangt, so wollen wir in erster Reihe erwähnen, dass der Mail-Phaëton dunkel lackiert werden muss. Dunkelgrün, fein schwarz beschnitten, dazu grünes oder helldrapfarbiges Tuch als Garnierung sieht sehr vornehm aus. Für das Geschirr gelten dieselben Bestimmungen, wie für das Stangenpferdegeschirr eines eleganten Drags. Es wird also auch mit Buxtonkandare, Aufsatzzügeln, Rückenriemen und plattierten Aufhalterketten versehen sein müssen. Mit Bezug auf letztere sei bei dieser Gelegenheit auch bemerkt, dass Kettenaufhalter nur benützt werden dürfen, wenn der Besitzer selbst die Zügel führt. Auf einer vom Kutscher gefahrenen Equipage, gleichviel welcher Art, dürfen sie also nie vorkommen. Es wäre dies ein böser Verstoss gegen die von der ganzen eleganten Welt acceptierte Fahretikette.

Dem Mail-Phaëton ganz ähnlich, nur etwas kleiner und leichter und nicht mit Langbaum versehen, ist der Demi-Mail-Phaëton. Für diesen genügen daher Pferde, die nicht mehr wie 155—158 cm messen, doch wie immer heisst es auch hier: je kleiner das Pferd ist, desto grösser werden die Anforderungen, die man an das Gangwerk stellt. Ein weiterer Vorteil, den die Benützung des Demi-Mail-Phaëton gewährt, besteht darin, dass nur ein Diener mitgenommen zu werden braucht.

Eine noch kleinere und leichtere, allerdings auch weit weniger vornehme Form genannter Wagengattung stellt der Stanhope-Phaëton dar. Charakteristisch für diesen ist, dass der rückwärtige Teil des Kastens durch geschwungene eiserne Stützen ersetzt worden, die sowohl den Dienersitz wie auch den vorderen Kastenteil tragen. Schön kann diese Konstruktion wohl nicht genannt werden; doch besitzt sie unzweifelhaft den Vorzug grosser Leichtigkeit. Tierquälerei wäre es somit nicht, einen Stanhope-Phaëton einspännig zu fahren. Das ist aber auch alles, was sich zu Gunsten einer derartigen Anspannung sagen liesse.

Wir kommen nun zu einem Fuhrwerk, das wir, obschon es in Deutschland zu den seltensten Erscheinungen gehört, doch der Vollständigkeit wegen nicht ganz mit Stillschweigen übergehen wollen. Es ist dies das Karrickel, (lateinisch Carriculus oder Carrus, englisch Curricle, französisch Carrick à pompe). Wenn wir hier das Wort „Fuhrwerk" benützen und nicht, wie es wohl richtiger wäre, „Anspannung" schreiben, so hat das seine guten Gründe. Uns ist nämlich in erster Reihe darum zu thun, dem Leser die gegenwärtig wieder modern gewordene Curricle-Equipage in ihrer orthodoxen Form vorzuführen. Letztere wird aber nicht durch die eigenartige Anspannung allein geschaffen; auch der Wagen spielt hierbei eine sehr wichtige Rolle. Dass nahezu jedes zweiräderige Vehikel zum Karrickelfahren benützt werden kann, lässt sich allerdings nicht in Abrede stellen; als korrekt und stilgerecht wird jedoch in den englischen und französischen Fachkreisen für diesen

Zweck nur das bereits vor 50 Jahren von der Fashion patronisierte Curricle (Fig. 65) anerkannt.

Die Benützung eines Zweigespannes vor einem zweirädrigen Wagen ist, wie wir wohl kaum zu bemerken brauchen, nur in der Weise zu ermöglichen, dass dieser mit einer Deichsel versehen wird. Da nun aber die Deichsel von dem gewöhnlichen zweispännigen Geschirr nicht in ihrer wagerechten Lage erhalten werden könnte, giebt man ihr die erforderliche Stütze, indem man entweder zu der Karrickelstange greift oder sich des sog. Kapgeschirres (Fig. 66) bedient. Obwohl letzteres manche Vor-

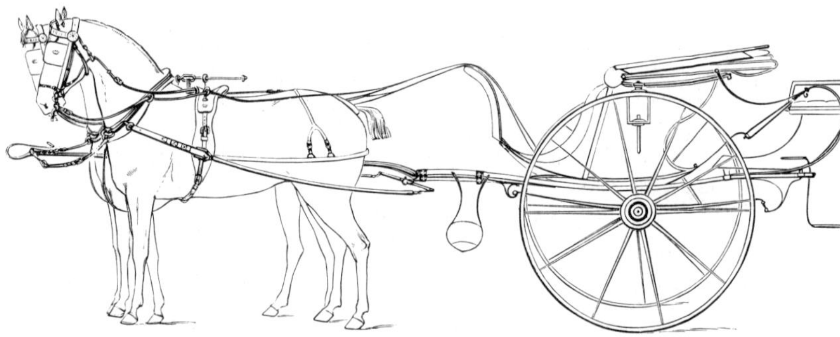

Fig. 65. Curricle.

züge vor dem Karrickel besitzt, hat sich dieses doch nicht aus seinen dominierenden Stellungen verdrängen lassen. Es sei daher hier nur kurz bemerkt, dass das Kapgeschirr, wie die Figur zeigt, aus einer Querstange besteht, die durch eine mitten vor der Brust der Pferde auf der Deichsel angebrachte Stahlöse durchgezogen ist. Diese Stange und mit ihr auch die Deichsel wird von den Pferden vermittelst eines schmalen Riemens getragen, der an jedem Ende der Stange festgeschnallt, über auf dem Widerrist der Pferde liegende, lederne Unterlagen läuft.

Wie die Karrickelvorrichtung an der Deichsel und am Geschirr befestigt wird, ist aus den Zeichnungen Fig. 67 und 68 mit solcher Deutlichkeit zu ersehen, dass wir uns wohl eine nähere Beschreibung ersparen können. Folgende kurze Andeutungen dürften genügen.

Die aus vernickeltem Stahl angefertigte Querstange muss so lang sein, dass sie mindestens 15 cm über die äussere Seite jedes Kammdeckels hervorragt, wenn die Pferde gerade gerichtet auf ihren Plätzen stehen. An jedem Ende der Stange befindet sich eine kleine Schraube, deren flacher Kopf ein Herausgleiten der Stange aus den Kammdeckelschlüsseln verhindert. In diesen

Fig. 66. Kapgeschirr.

Schlüsseln ist eine bewegliche Walze aus Stahl angebracht. Den Mittelpunkt der Stange bildet eine längliche Öse, durch welche ein starker Riemen gezogen wird, der die Deichsel trägt. Unter der Deichsel an dem Punkte, wo der Trageriemen herabhängt, ist eine starke Feder befestigt. Letztere hat nicht nur den Zweck, die für den Trageriemen bestimmte Metall- oder Lederschlaufe aufzunehmen, sondern soll auch das für die Pferde so überaus belästigende Auf- und Niederwippen der Deichsel thunlichst verhüten. Trotzdem wird die Deichsel emporschnellen, wenn im Wagen eine Verlegung des Schwerpunktes nach rückwärts stattfindet. Es empfiehlt sich daher, stets einen leichten, an jedem Ende mit einer Doppelschnalle versehenen Riemen am Springgurt unter dem Bauch eines der Pferde zu befestigen, und ihn sodann, nachdem er über die Deichsel gezogen worden, in derselben Weise an dem Springgurt des anderen Pferdes

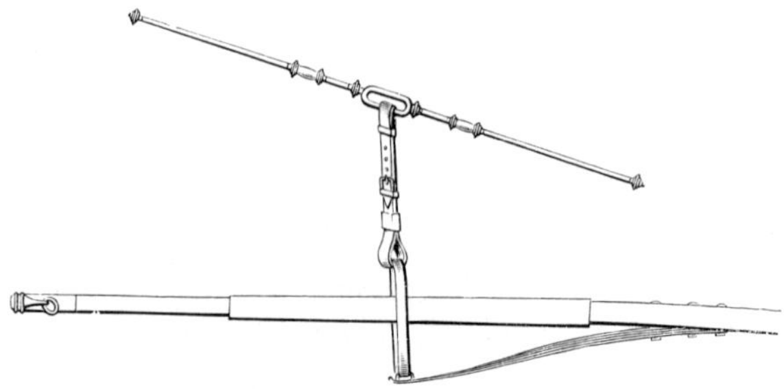

Fig. 67. Befestigung der Karrickel-Stange an der Deichsel.

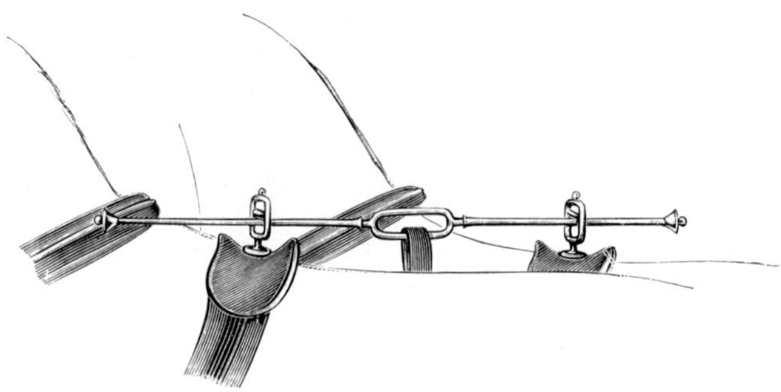

Fig. 68. Befestigung der Karrickel-Stange am Geschirr.

festzuschnallen. Dies wird das Emporschnellen der Deichsel auch dann verhindern, wenn ein schwerer Mann sich plötzlich auf den Dienersitz des Wagens hinaufschwingen sollte. Dass die Kammdeckel und die zu diesen gehörenden Schlüssel sehr stark und solid gearbeitet sein müssen, ist selbstverständlich, denn das auf ihnen ruhende Gewicht der Querstange wirkt unter Umständen, z. B. beim Bergabfahren, mit bedeutender Wucht. Mit Bezug auf die Kammdeckel sei schliesslich auch noch bemerkt, dass dieselben ebenso wie am Tandemgeschirr mit Schlaufen zur Aufnahme der Stränge versehen sind.

Für die Lackierung des Curricle ist Dunkelbraun, fein rot beschnitten, die am meisten zu empfehlende Farbenzusammenstellung. Im übrigen halte man sich vor Augen, dass vornehme Eleganz für diese Equipage, wie für jedes Fuhrwerk auffälliger Beschaffenheit, als eine conditio sine qua non angesehen werden muss. Man vermeide daher auch kleine Pferde zum Karrickelfahren zu benützen. Die passendste Grösse ist 158 bis 160 cm.

Zu den halbgedeckten Wagen gehört schliesslich noch das ebenso moderne wie aristokratische Vis-à-vis (Fig. 69). Wie Fig. 70 zeigt, giebt es auch offene, bezw. mit verstellbarem Dache ausgestattete Vis-à-vis. Für Stadt- und Parkfahrten hat jedoch nur die halbgedeckte Form Anspruch auf die Bezeichnung „chic“; die offene wird also hauptsächlich während des Landaufenthaltes zur Benützung gelangen.

Das Vis-à-vis kann in etwas lebhafteren Farben gehalten werden, z. B. Kasten: braun, fein rot eingefasst; Gestell: rot, schwarz beschnitten; Garnierung: blaues Tuch oder Maroquin. Der vornehme Charakter der halbgedeckten Form wird hierunter nicht leiden, wenn nur die Livreen und Geschirre von tadelloser Eleganz sind und die Pferde stattliche Grösse (160—162 cm) mit hochnoblem Schnitt verbinden. Mit Bezug auf die Geschirre bringen wir dem Leser nochmals in Erinnerung, dass die Buxtonkandare einen obligatorischen Bestandteil aller eleganten Stadtgeschirre bildet. Rückenriemen und Hinterzeug werden dagegen nur zu schwereren Wagen in Gebrauch genommen.

Wir kommen nun zu der überaus zahlreichen Klasse der zweispännigen Kutschier-Phaëtons, Dog-Carts, Char-à-Bancs und Breaks, aus welcher wir, um unserer ziemlich umfangreich ausgefallenen Arbeit nicht noch grössere Dimensionen zu geben, nur sechs als typisch anzusehende Wagen herausgreifen.

Der erste derselben (Fig. 71) ist ein von der berühmten

Wagenbaufirma Hooper & Co., 107 Victoria Street, London S.W., für den Maharajah von Patiala (Indien) gebauter Sporting-Phaëton, dessen elegante Formen mit Recht allgemeinen Beifall gefunden haben. Der Kasten dieses Wagens ist schwarz, das

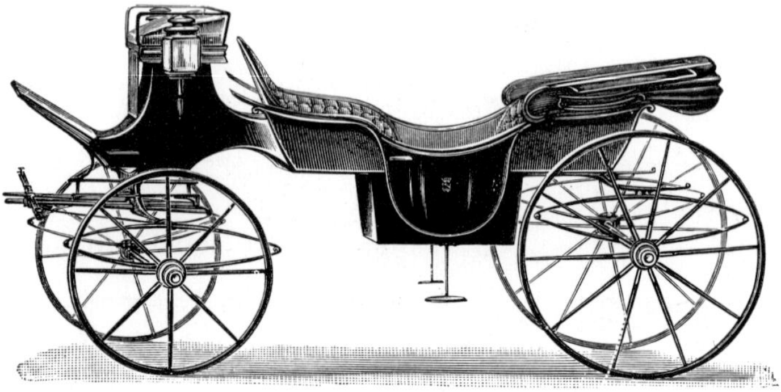

Fig. 69. Halbgedecktes Vis-à-vis.

Fig. 70. Offenes Vis-à-vis mit verstellbarem Dach.

Gitterwerk an demselben, wie auch das Fussbrett, das Gestell und die Räder dagegen hellgelb lackiert.

Dieselbe Farbenzusammenstellung zeigt der ebenfalls von obgenannter Firma erbaute Char-à-Bancs (Fig. 72), nur besteht die Garnierung hier nicht wie auf dem Sporting-Phaëton aus grauem Manchester, sondern aus grünem Maroquin.

Der hohe amerikanische Kutschier-Phaëton (Fig. 73) dagegen, hat einen weissen, rot eingefassten Kasten, rotes Gestell und hellgraues Tuch als Garnierung. Es ist dies eine jenseits des grossen Wassers für Wagen der hier in Rede

Fig. 71. Sporting-Phaëton.

Fig. 72. Char-à-Bancs.

stehenden Gattung sehr beliebte Farbenzusammenstellung, die auch thatsächlich eine recht hübsche Wirkung hervorbringt.

Zu sämtlichen diesen drei Wagen müssen gut fundamentierte, schneidig trabende Pferde in der Höhe von 158—160 cm und plattiertes Geschirr mittelschweren Modells, mit abgerundeten

Schnallen, runden Scheuledern und Liverpoolkandare, aber ohne Rückenriemen, verwendet werden.

Wie der Typus der Pferde für grössere Kutschier-Phaëton und für Breaks beschaffen ist, wolle der Leser aus Fig. 73 entnehmen.

In Fig. 74 ist ein moderner, zweispänniger Break dargestellt, der sich durch Entfernung der Rückenlehnen und Sitze schnell in einen geräumigen Gepäckwagen umwandeln lässt.

Fig. 73. Amerikanischer Kutschier-Phaëton.

Ein Dog-Cart, das wegen seiner überaus gefälligen praktischen Formen und seiner soliden Arbeit auf der vorjährigen Berliner Gewerbeausstellung berechtigtes Aufsehen in allen Fachkreisen errregte, bringen wir in Fig. 75 zur Anschauung. Da dasselbe aus den Ateliers der hochangesehenen Berliner Firma Kühlstein hevorgegangen, empfehlen wir es der besonderen Beachtung unserer Leser. Wir thun dies mit um so grösserem Vergnügen, als dieses Dog-Cart in jeder Beziehung den Vergleich mit den besten Fabrikaten englischen oder französischen Ursprungs auszuhalten vermag. In der Form hat es sich der allerneuesten Mode gefügt, die für das Dog-Cart winkelrecht zu einander stehende Linien vorschreibt. Dadurch, dass der Raum zwischen dem vorderen und dem rückwärtigen Sitz

Fig. 74. Zweispänniger Break.

Fig. 75. Dog-Cart.

an den Seiten mit ledernen Riemen eingefasst worden, ist die Möglichkeit geboten dort Gewehre, Wild und Frühstückskörbe bequem und sicher zu verpacken. Ein solches Dog-Cart eignet sich also vortrefflich zu Jagdfahrten, Picnics oder anderen längeren Ausflügen. Ähnlichen praktischen Zwecken dient auch das Innere des rückwärtigen mit Jalousien versehenen Kastenteiles, der sich, wenn erforderlich, sehr gut zur Unterbringung von ein paar Hunden verwenden lässt. Mehr kann wohl von einem derartigen Wagen nicht verlangt werden.

Lackiert ist Kühlsteins Dog-Cart in folgenden Farben: Kasten: schwarz, mit roten Jalousien und ebensolchem Fussbrett,

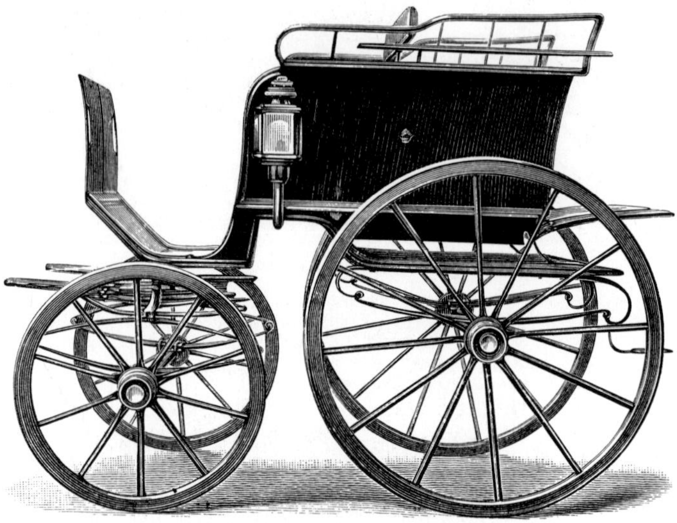

Fig. 76. Lancer-Cart.

Gestell: rot, schwarz beschnitten. Die Garnierung besteht aus blauem Leder.

Das letzte Dog-Cart auf unserer Liste ist das in Fig. 76 abgebildete, dem seine Erbauer, William Cole & Co., 26 Kensington High Street, Kensington, England, den Namen „Lancer-Cart" gegeben haben. Die Vorzüge dieses Carts bestehen in grosser Leichtigkeit verbunden mit schneidiger Form und sicherem Gang. Da dasselbe zu den neuesten Produkten der Dog-Cart-Fabrikation gehört, haben wir nicht unterlassen wollen, es in unserer Wagengallerie aufzunehmen. Es sei daher auch bemerkt, dass das Lancer-Cart gewöhnlich die gefirnisste Naturholzfarbe erhält und mit mausgrauem Velvet oder mit Schweinsleder garniert wird.

Alle Carts dieser und ähnlicher Gattung gehören zu den Equipagen rein sportlichen Charakters. Wie sich von selbst versteht, muss dem bei der Zusammenstellung derselben Rechnung getragen werden. Es wird also dafür zu sorgen sein, dass das Gespann aus edlen, möglichst schnellen und figuranten Juckern in der Grösse von 155—160 cm. bestehe, dass das leichte elegante Geschirr, das abgerundete Scheuleder und ebensolche Schnallen erhalten muss, mit Doppelringtrense (Fig. 77) oder Liverpoolkandare, aber ohne Aufsatzzügel und Rückenriemen benützt werde, und schliesslich dass der Fahrende ein flottes Tempo einhalte. Englische Livree ist nur in der Stadt und im Park unbedingt erforderlich; für Fahrten über Land genügt auch der Interimsanzug. Die Frage, ob Kummet- oder Sielengeschirr den Vorzug verdiene, möchten wir dahin beantworten, dass ersteres in der Stadt und für grössere Pferde einen eleganteren Anblick gewährt, letzteres aber auf dem Lande und für kleinere Jucker immer als vollkommen korrekt und stilgerecht anzusehen ist. Zur Bekleidung der Innenseite des Kummets und der bei aufgelegtem Geschirr sichtbar bleibenden unteren Fläche des Kammdeckels, verwendet man mit Vorliebe braunes Leder.

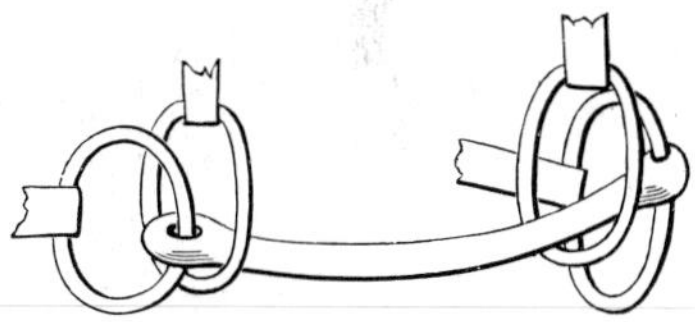

Fig. 77. Doppelringtrense.

Wie leicht und praktisch die Kutschier-Phaëtons und Dog-Carts aber auch sein mögen, auf holperigen Waldwegen und im Gebirge wird sich der Sporting-Gentleman doch gerne eines niedrigeren, weniger eleganten Fuhrwerkes bedienen. Wir wollen daher dieses von den zweispännigen Luxus-Equipagen handelnde Kapitel nicht zum Abschluss bringen, ohne den Leser zuvor mit einem Gefährte bekannt zu machen, das aus einem waldreichen Gebirgslande stammend, allen an einen Strapazierwagen zu stellenden Ansprüchen in geradezu idealer Weise entspricht.

Wir meinen den in Fig. 78 abgebildeten Steirerwagen. Grosse Leichtigkeit, vortreffliche Federn, geräumiger Sitzplatz, bequemes Aus- und Einsteigen, Platz für Gepäck, Wild, Futter u. s. w., ausserordentliche Wendbarkeit, sicherer Gang, eine nette, gefällige Form — das alles stempelt das Steirerwägelchen zu einem Gebirgsfuhrwerk, wie man es sich besser gar nicht wünschen kann. Für gewöhnlich wird auf derartigen Fahrten wohl ein Kutscher mitgenommen werden; will man aber ausnahmsweise einmal den Bocksitz einem Gaste zur Verfügung

Fig. 78. Steirerwagen.

stellen, so braucht man nur Rückenlehne und Fussbrett des Kutschbockes, wie auf der Abbildung angedeutet worden, hinaufzuklappen. Der Wagen ist dann in ein Vis-à-vis für zwei Personen verwandelt.

Dem ländlichen Charakter dieses Fuhrwerkes entsprechend, wird die Lackierung und Garnierung desselben sehr einfach und wetterfest sein müssen. Die Korbgeflecht-Imitation des Kastens erhält daher am besten einen nicht zu hellen, grauen Anstrich, für die Leisten und das Gestell passt nur Naturholzfarbe gefirnisst und zur Garnierung nehme man den ganz ausserordentlich haltbaren Moquettestoff.

Wir brauchen wohl kaum zu erwähnen, dass ein in englischer Livree gekleideter Kutscher sich auf dem Steirerwagerl sehr eigentümlich ausnehmen würde. Im Gebirg und im Hochwald herrscht eben eine andere Kleiderordnung als auf den Rendezvousplätzen der fashionablen Welt. Wird dies übersehen, so entsteht ein Bild, das selbst, wenn es im übrigen noch so hübsche Details aufzuweisen hat, einen grotesken Eindruck macht. Auch bei der Zusammenstellung der hier besprochenen Equipage muss daher der Chic, der jedes stilgerechte Fuhrwerk kennzeichnen soll, dem gegebenen Milieu angepasst werden. Vor allem ist darauf zu achten, dass der rein sportliche Charakter dieses anspruchslosen Turn-out's gewahrt bleibe. Und das ist eine verhältnismässig leichte Aufgabe. Lässt der Wagen, obwohl aus einer vornehmen Werkstatt hervorgegangen, das Eigenartige des nationalen Vorbildes im Schnitt und in der Ausstattung unverfälscht zur Geltung kommen, besteht die Bespannung desselben aus stämmigen Doppelponies, denen ein ebenso starkes wie sauber gearbeitetes Sielengeschirr aufgelegt worden und trägt der Kutscher einen in jeder Einzelheit korrekten Interimsanzug, so kann der Besitzer dem Urteile des Kenners mit Beruhigung entgegensehen. Sein schlichtes Steirerwagerl hat dann nicht weniger Anspruch auf den Beifall der Sachverständigen, wie die prunkvollen Park-Equipagen der Geburts- und Finanzaristokratie.

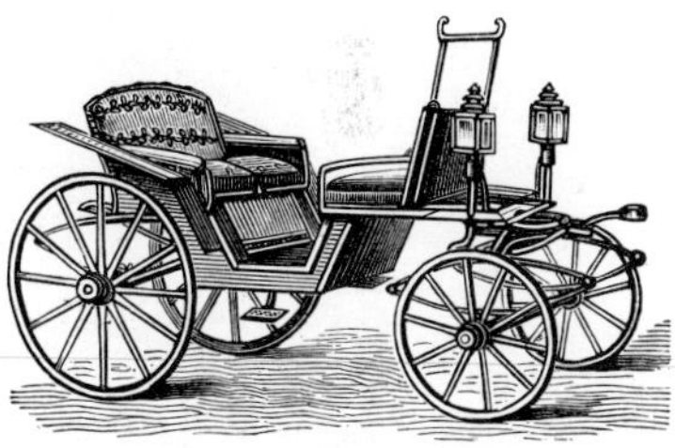

Fig. 79. Pony-Chaise.

Für Ponywagen ist gegenwärtig die zweirädrige Basket- oder Cartform die modernste. Trotzdem erfreut sich die niedrige, hauptsächlich für selbstkutschierende Damen und Kinder bestimmte Pony-Chaise (Fig. 79) noch immer grosser Beliebtheit.

Die vor einem solchen Wagen benützten Pferdchen können kaum zu klein sein — 140 cm ist die Grenze nach oben — müssen aber dessen ungeachtet viel Adel und Gang zeigen.

Gemeine, temperamentlose und überfütterte Ponies, die auch wenn sie unausgesetzt mit der Peitsche angetrieben werden, sich nicht zu einem flotten Trab aufraffen können, taugen nur zu langsamer Arbeit vor dem Karren des Gärtners oder des Gemüsehändlers. Kurz und sauber gestutzte Mähne und koupierter Schweif gehören zu den Toilettevorteilen, die wesentlich dazu beitragen dem Pony das von allen Liebhabern hoch geschätzte Aussehen eines Miniaturblutpferdes zu verleihen. Nur den allerkleinsten Ponies, die nicht viel grösser als ein ge-

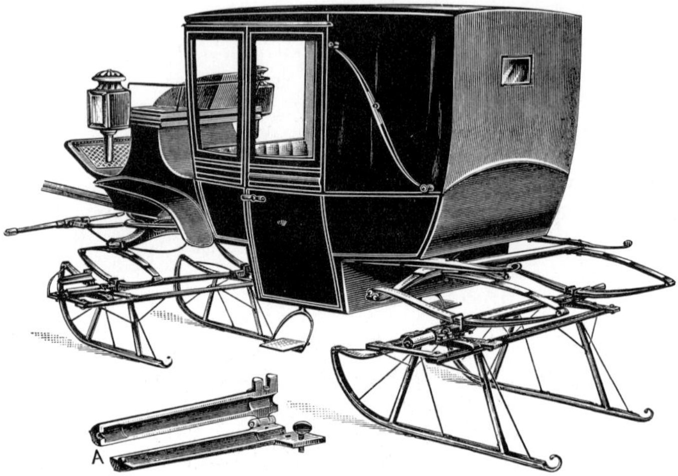

Fig. 80. Gedeckter Schlitten.

wöhnlicher Neufundländer sind, werden zur Erhöhung ihres putzigen Aussehens Mähne und Schweif im Naturzustande belassen. Diese Pygmäen des Pferdegeschlechts dürfen auch im Sielengeschirr erscheinen, wohingegen entsprechend leicht und elegant gearbeitetes — aber beileibe nicht überladenes — Kummetgeschirr den grösseren Pony am besten kleidet und daher auch stets benützt werden sollte, wenn das betreffende Tierchen 140 cm hoch ist oder dieses Mass sogar überschreitet.

Unsere Aufgabe wäre jetzt eigentlich noch, das Schlittenfahren in allen seinen Formen zu besprechen. Zur Vermeidung ermüdender Wiederholungen dürfte es jedoch das zweckmässigste sein, dem Schlittensport erst im nächsten Kapitel sein Recht werden zu lassen und dem Leser hier nur einige Schlitten besonders praktischer Konstruktion vorzuführen.

Fig. 80 zeigt einen gedeckten Schlitten, oder richtiger ge-

Fig. 81. Amerikanischer Schlitten.

Fig. 82. Gentleman-Schlitten.

sagt Kuffengestelle, die an jedem gedeckten Wagen angebracht werden können, nachdem die Räder abgezogen und die Achsenschenkel in mit Schrauben zu befestigende Metallhülsen (A) eingeschoben worden sind.

Mit diesen Kuffengestellen kann jeder vierrädrige Wagen binnen 10 Minuten in einen Schlitten umgewandelt werden.

Die praktische Bedeutung einer derartigen Vorrichtung wird

dem Bewohner nördlicher Länder sofort einleuchten. Ist doch der offene Schlitten vollkommen unanwendbar, wenn eine Visiten-Tournee unternommen oder in grosser Toilette zu einem Diner, einem Ball oder einer Theatervorstellung gefahren werden soll.

Für die offenen Schlitten ist die amerikanische Form mit dem hohem Gestell (Fig. 81) sehr zu empfehlen.

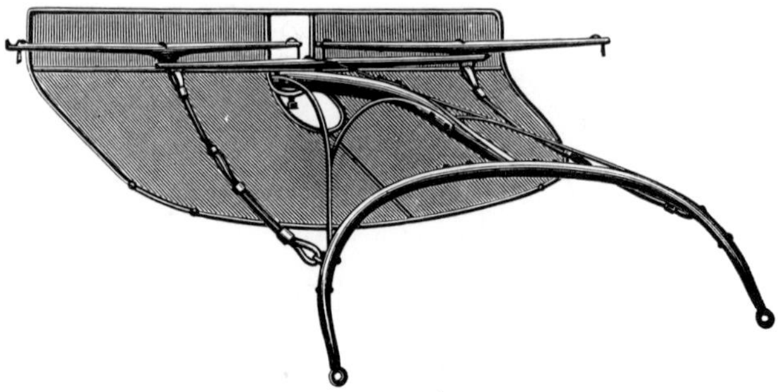

Fig. 83. Deichselschirm.

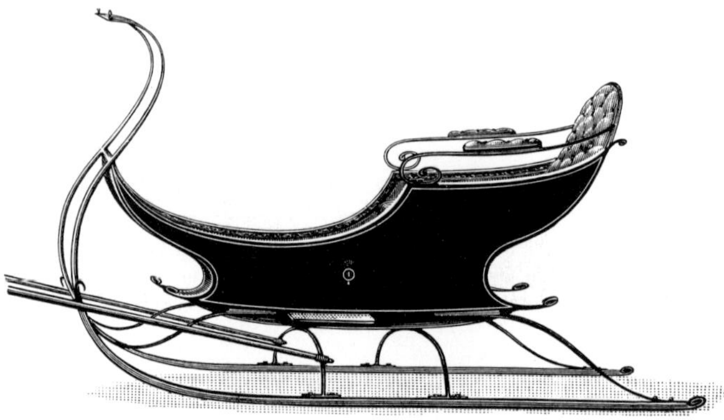

Fig. 84. Franco-russische Briska.

Ausserordentlich hübsch und praktisch ist auch der amerikanische „Gentleman-Schlitten" (Fig. 82). Wie aus der Abbildung hervorgeht, sitzen die Insassen dieses Schlittens mit dem Rücken gegen einander. Dies hat den nicht zu unterschätzenden Vorteil, dass zwei Damen an der Schlittenpartie teilnehmen können, ohne jeden Augenblick befürchten zu müssen, einen in Eis oder hartem Schnee geformten Abdruck der Pferdesohle ins Gesicht geschleudert zu bekommen. Letzterer Unannehmlichkeit kann übrigens, seitdem die Schlittendecken unmodern geworden, auch durch den sog. Deichselschirm (Fig. 83) vorgebeugt werden. Ausserdem sind die rückwärts sitzenden Personen gegen den während des Fahrens entstehenden scharfen Zug geschützt.

Die Lackierung des Gentleman-Schlittens ist für den Kasten dunkelgrün mit olivengrünen oder roten Streifen; für das Gestell rot, dunkelgrün beschnitten. Die Garnierung besteht aus dunkelgrünem Tuch.

Unser letztes Schlittenbild (Fig. 84) stellt eine von französischer Künstlerhand modifizierte Form der russischen Briska dar, die sich sowohl zum Zweispännig- wie auch zum Einspännigfahren eignet. Wir haben diese Zeichnung dem vorjährigen Septemberheft des Journals „La Carrosserie Française“ entnommen, von dessen Herausgeber, Mons. L. Lagard, Paris, 22 rue des Acacias, der im Grossen ausgefürte Planriss zum Preise von 30 Frcs. bezogen werden kann. Leicht, elegant und bequem, würde die französierte Briska trotz ihrer niedrigen Bauart gewiss viele Liebhaber in den deutschen und skandinavischen Ländern finden. Von dieser Ansicht ausgehend, wollen wir denn auch noch hinzufügen, dass Mons. Lagard dem Kasten seines franco-russischen Schlitten eine braunrote mit kirschroter Einfassung versehene Lackierung gegeben und zur Garnierung kirschrotes Tuch gewählt hat. Es ist ihm gelungen, damit eine Farbenwirkung hervorzurufen, deren warme Töne einen überaus wohlthuenden Gegensatz zu der einförmigen Winterlandschaft bilden.

Das Tandem.

Wer den Vorgängen auf dem Gebiete des Fahrsports einige Aufmerksamkeit gewidmet, wird sicher die Beobachtung gemacht haben, dass man mit jedem Jahre eine grössere Anzahl von Tandem-Equipagen zu sehen bekommt. Dem Fachmann kann dies nur recht sein, denn keine Anspannung gewährt einen so flotten, echt sportmässigen Anblick, wie ein korrekt zusammengestelltes und nach allen Regeln der Kunst gefahrenes Tandem. „Es liegt Musik darin," würde der Berliner sagen. Man möchte daher wohl wünschen, dass diese Musik etwas leichter zu erlernen wäre. Doch wie nahe liegen da die zu greulichen Dissonanzen führenden Fehlgriffe! Mit dem blossen zwei Pferde voreinander Spannen und nun los, ist es somit nicht abgethan. Die Sache will gründlich studiert und geübt werden. Wem dies zu langweilig erscheint, der lasse lieber seine Finger davon. Könnte es ihm doch sonst sehr leicht passieren, die Wahrheit des Bibelwortes: „Wer sich in Gefahr begiebt, der kommt darin um", an seiner eigenen werten Person zu erfahren. Im besten Falle würde es ihm ergehen, wie jenem Tandemfahrer, der auf die Frage seines Freundes, welche Richtung er einzuschlagen gedenke, kleinlaut erwiderte: „Lieber Alter, das lässt sich erst entscheiden, wenn wir aus dem Hofe heraus sind und gesehen haben, wohin das Vorderpferd will."

Ein grosser Vorzug der Tandemanspannung liegt darin, dass sie gestattet, zwei Pferde, die wegen eines merkbaren Unterschiedes in der Grösse, oder wegen ungleichen Temperaments, neben einander gespannt, kein Paar abgeben würden, sonst aber in Schnitt und Haltung gut zu einander passen, sowie auch Reitpferde nützlich im Geschirr zu verwenden. Kavallerieoffizieren und anderen berittenen Herren, die gerne dem Fahrsport huldigen möchten, aber finanziell nicht so gestellt sind, dass sie sich eine ihren Anforderungen entsprechende Equipage halten könnten, bietet sich hierdurch eine erwünschte Gelegenheit, das

Fig. 85. Dame ihren Hunter im Tandem zum Meet fahrend.

sehr anregende Tandemfahren mit einem gleich gesinnten Genossen auf gemeinschaftliche Kosten zu betreiben. Ihren Pferden wird das ebensoviel Vergnügen bereiten wie ihnen selbst. Die geringe Last spürt das edel gezogene Reitpferd kaum und ausserdem ist die ganze Anspannung eine so leichte, dass der Gaul, ohne irgend welchen Zwang zu empfinden, seiner Gehlust freien Spielraum lassen kann. Thatsächlich wird auch kein Fachmann Bedenken tragen ein im übrigen geeignetes, d. h. mit einem guten Temperament ausgestattetes Reitpferd — dieses gehöre einer noch so hohen Klasse an — dann und wann im Tandem gehen zu lassen. In England sahen wir sogar einmal eine Dame ihren vollständig gesattelten Hunter als Vorderpferd im Tandemzuge zum Meet fahren (Fig. 85).

Wer aber das Tandemfahren nicht nur gelegentlich mit den ihm gerade zur Verfügung stehenden Pferden üben will, sondern die Absicht hat, sich diesem Sport in durchaus fachmännischer Weise zu widmen, wird die Ausgabe für ein paar wirkliche Tandempferde nicht scheuen dürfen. Was nun die Eigenschaften anbelangt, die wir von solchen fordern müssen, so ist zunächst zu bemerken, dass stattliche Grösse nicht zu denselben gehört. Grosse Pferde pflegen nämlich selten die für den Tandemdienst absolut unentbehrliche Gewandtheit und Schnelligkeit zu besitzen, wozu sich noch der Übelstand gesellt, dass sie durch ihre beträchtliche Länge der ganzen Anspannung etwas Unförmliches verleihen. Wir sind der Ansicht, dass das Mass von 158 cm nicht überschritten werden sollte, Doppel-Ponies in der Höhe von 148 cm aber im Tandem am angenehmsten zu fahren sind. Mit Bezug auf das zweckmässigste Grössenverhältnis zwischen dem Vorder- und dem Gabelpferde herrscht eigentümlicherweise unter den Praktikern keine rechte Einigkeit. Die einen wollen das Spitzenpferd grösser, die anderen ebenso gross, oder auch um ein geringes kleiner wie das in der Gabel gehende Pferd haben. Wir halten es mit den zuerst Genannten, und zwar aus dem Grunde, weil wir die Erfahrung gemacht haben, dass der Kopf des Gabelpferdes von den Leitseilen des Vorderpferdes heruntergezogen wird, wenn letzteres das kleinste von den beiden ist.

Diese Fragen sind indessen nicht von ausschlaggebender Wichtigkeit. Blut, Schnitt und bravuröses Gangwerk zählen dagegen zu denjenigen Eigenschaften, die dem Pferde unter keiner Bedingung fehlen dürfen, wenn es Verwendung im Tandem finden soll. Da lässt sich nichts abhandeln; mehr oder weniger ordinäre „Leisetreter“ passen zum Tandem wie der Kutscher eines Leichenwagens zum Jockey.

Ausser den eben genannten Vorzügen muss aber das Tandempferd noch speziell einige „Points“ aufweisen, die, je nachdem es von der Natur zum Dienst in der Gabel oder an der Spitze bestimmt worden ist, anderer Art sein werden. Vom Gabelpferde z. B. verlangen wir einen geschlossenen, kräftigen Körperbau, Tiefe, Kurzbeinigkeit und eine mehr weitausgreifende als hohe Aktion. Bei der Wahl eines Spitzenpferdes hingegen, werden wir vor allem auf grosse Eleganz und auffallenden, steppenden Gang halten müssen. Dieses Pferd wird eben am meisten gesehen und beobachtet; ja, in der Regel ist es das einzige, mit dem die Kritik sich beschäftigt. Es muss daher — man gestatte uns den treffenden französischen Ausdruck — „un cheval perçant“ sein, schnittig, schneidig, gängig.

So viel über die Pferde. Jetzt zum Geschirr und zum Wagen.

Das Tandemgeschirr sollte stets so einfach und leicht sein, als sich mit der notwendigen Haltbarkeit vereinigen lässt. Braunes Leder mit silberplattiertem Beschlag sieht sehr hübsch aus, gilt aber in den Augen von Leuten die strenge auf die Etikette sehen, nur auf dem Lande als chic. Für den Gebrauch in der Stadt und zu Korsofahrten ist also schwarzes Geschirr vorgeschrieben. Mit der Frage ob Kummet- oder Sielengeschirr den Vorzug verdiene, hat jedoch die Etikette nichts zu schaffen. Das bleibt Geschmackssache. So elegant und kleidsam wie die Kummete sind die Sielen wohl nicht, dafür besitzen sie aber den Vorzug der grösseren Billigkeit und vielseitigeren Anwendbarkeit.

Das Geschirr des Gabelpferdes unterscheidet sich nur durch unbedeutende Einzelheiten von jenem des Vorderpferdes. Es ist ein gewöhnliches Einspännergeschirr, dessen einzige besondere Merkmale darin bestehen, dass die Kammdeckelringe behufs besserer Trennung der Leitseile in der Mitte durch eine horizontal angebrachte, kleine und leicht bewegliche Walze geteilt sind, und dass zu beiden Seiten des Zaumes, ungefähr in der Höhe der Schnalle, die Backen- und Kopfstück zusammenhält, ein Ring zum Durchziehen der Zügel des Vorderpferdes eingeschnallt worden. Hinterzeug wird nur zur Fahrt in kupiertem Terrain aufgelegt.

Das Vorderpferd erhält ein etwas leichteres Geschirr. Besonders der Kammdeckel kann von leichtester Beschaffenheit sein, da derselbe nur die Stränge zu tragen hat. Das Geschirr zu diesem Zwecke ausserdem noch mit einem am Schwanzriemen befestigten, über die Nierenpartie laufenden Rückenriemen zu versehen, möchten wir für gewöhnlich als ziemlich überflüssig nicht befürworten.

Als Gebiss empfiehlt sich für das Gabelpferd die unter dem Namen „Liverpool Bit“ bekannte englische Fahrkandare (Fig. 55), die sich um so besser bewähren wird, wenn die Enden der Unterbäume durch eine leichte Querstange miteinander verbunden sind. Fehlt letztere, so wird es, besonders wenn das Gabelpferd die Gewohnheit haben sollte, mit dem Kopfe zu schlagen, alle Augenblicke vorkommen, dass sich die Vorderzügel am Gebisse des genannten Pferdes festhaken, wodurch dann das Spitzenpferd scharf seitwärts herumgerissen wird. Gegen heftiges Kopfschlagen giebt es übrigens nur ein wirksames Mittel. Dieses besteht darin, dem betreffenden Gaule einen Aufsatz- und einen Sprungzügel aufzulegen. Für das Vorderpferd eignet sich erfahrungsgemäss die einfache oder die sog. Doppelringtrense (Fig. 77) am allerbesten. Es ist dies unzweifelhaft dasjenige Gebiss, welches das Pferd am wenigsten beunruhigt und mit welchem es sich schon aus dem Grunde am leichtesten lenken lässt, weil die Wirkung jedes Zügels auf eine Seite beschränkt bleibt. Ausserdem sind wir der Ansicht, dass sich die Trense im Maule des Vorderpferdes eines Tandemzuges unvergleichlich besser ausnimmt, wie eine lange und schwere Fahrkandare. Doch das ist schliesslich Geschmackssache, und de gustibus non est disputandum. Es sei daher hier nur auf die praktische Seite dieser Frage hingewiesen.

Die Verbindung zwischen den beiden Pferden eines Tandems

kann auf dreierlei Art zuwege gebracht werden. Man befestigt nämlich die Stränge des Spitzenpferdes entweder an das Kummet, bezw. am Brustriemen des Gabelpferdes oder auch an den Enden der Gabelbäume, falls man es nicht vorzieht, sich zu diesem Zwecke zweier vor der Gabel angebrachter Ortscheite zu bedienen. Soll bei Kummetgeschirr die erstgenannte Befestigungsart angewendet werden, so gewährt eine von der Sattlerfirma Lennan & Son (Dublin) erfundene Vorrichtung die Möglichkeit, die Hauptnachteile dieser Anspannungsmethode zu vermeiden. Wer letztere praktisch erprobt hat, wird zweifelsohne gefunden haben, dass dieselbe der Entwicklung der höchstmöglichen Zugkraft nicht günstig ist. Am bedenklichsten erscheint der Umstand, dass die Stränge des Spitzenpferdes das Kummet des Gabelpferdes auf- und abwärts ziehen, was seinen Grund darin hat, dass die Zuglinie bei dieser Anspannung in einem Winkel und nicht, wie es sein sollte, parallel mit der Fahrbahn zu liegen kommt. Dem wird nun durch die Lennansche Vorrichtung (Fig. 86) auf eine ebenso wirksame wie einfache Art abgeholfen. Beide Pferde ziehen an einer Sprengwage; die durch einen Karabinerhaken miteinander verbundenen Stränge laufen durch den Kummetring A und der Zugkraft des Gabelpferdes wird durch einen am Kummetbügel befestigten Zapfen B der erforderliche Ausgangs- und Stützpunkt verliehen. Die Befestigung der in dieser Weise miteinander verbundenen Stränge an der Sprengwage geschieht vermittelst der Kette C.

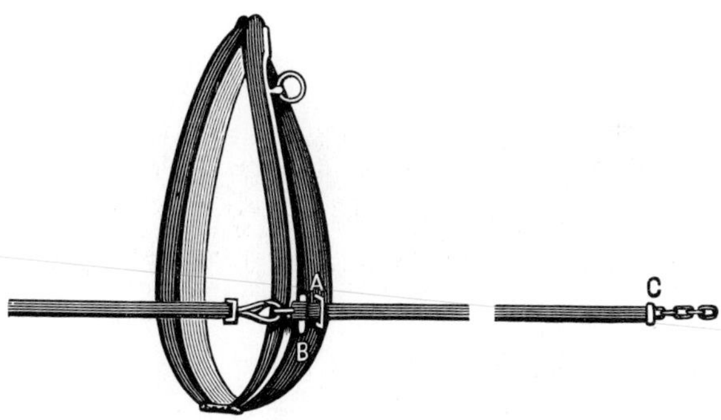

Fig. 86. Lennansche Tandem-Anspannung.

Wie gross die Vorzüge dieser Anspannungsmethode, verglichen mit der älteren, aber auch sein mögen, hat sie doch noch sehr fühlbare Mängel aufzuweisen. Zu diesen gehört in erster Reihe, dass die Stränge des Spitzenpferdes eine bedeutende Länge erhalten müssen — bei freiwilligen oder unfreiwilligen Wendungen auf beschränktem Raume ein höchst bedenklicher Umstand — und ferner dass das Gabelpferd beim geringsten Fehltritt Gefahr läuft, von dem flott weiter trabenden Spitzenpferde umgerissen zu werden. Ähnliche Übelstände treten zu Tage, wenn man die Stränge des Spitzenpferdes vermittelst

Fig. 87. Tandem-Anspannung mit Ortscheiten.

Karabinerhakens in zu diesem Zwecke an den Enden der Gabelbäume angebrachte eiserne Ösen einhakt. Wir können daher nicht genug empfehlen, das Spitzenpferd an vor der Gabel befestigten Ortscheiten ziehen zu lassen (Fig. 87).

Das erste Ortscheit ist 73,5 cm, das zweite 57,5 cm lang. Ersteres hat an jedem Ende ein Strangstück von 55 cm Länge, das an den Schnallstücken der Stränge des Gabelpferdes festgehakt wird. An der Mitte dieses Ortscheits ist eine kleine 26 cm lange Kette angebracht, die an dem Kummet des Gabelpferdes und zwar an dem dort befindlichen, für die Aufhalter bestimmten Ringe befestigt wird. Der Zweck dieser Kette ist, zu verhindern, dass die Ortscheite dem Spitzenpferde beim Stillstehen an die Sprunggelenke schlagen. Mitten auf dem ersten Ortscheit befindet sich ein grosser Haken, an welchem das zweite Ortscheit aufgehängt wird. Die Entfernung zwischen den beiden Ortscheiten beträgt 12 cm. An das zweite Ortscheit werden die Stränge des Spitzenpferdes befestigt.

Mit dieser vortrefflichen Anspannmethode erhalten die Stränge des Spitzen- und des Gabelpferdes dieselbe Länge und können erstere nie auf dem Boden schleifen, lauter Umstände, die das Wenden auf schwierigen Plätzen im hohen Grade erleichtern. Legt man nun noch hinzu, dass das am Ortscheit ziehende Spitzenpferd seine Arbeit unter bedeutend günstigeren Verhältnissen verrichtet — wir erwähnen mit Bezug hierauf nur, dass die Gefahr wundgedrückter Schultern dadurch vollkommen beseitigt erscheint — so wird man die warme Empfehlung, die wir der in Rede stehenden Anspannungsvorrichtung haben angedeihen lassen, wohl berechtigt finden.

Bei dieser Gelegenheit sei auch hervorgehoben, dass die Pferde in einem Tandemzuge möglichst nahe beieinander gehalten werden müssen. Nicht nur der Effekt des ganzen Bildes, sondern auch die Kontrolle über das Spitzenpferd werden hierdurch wesentlich gefördert. Selbstverständlich darf dieses Streben nach kompakter Anspannung nicht so weit gehen, dass das Gabelpferd genötigt wird, seinem führenden Stallgenossen auf die Haken zu treten. Wir wollen daher nicht unterlassen, an die alte Regel zu erinnern, die beim Tandemfahren eine Entfernung von drei Fuss zwischen der Nasenspitze des ersteren und der Kruppe des letzteren vorschreibt, bemerken aber gleichzeitig, dass der Körperbau und die Aktion bei Pferden viel zu grosse Unterschiede aufweisen, als dass dieser Regel die Bedeutung eines für alle Fälle geltenden Gesetzes zuerkannt werden könnte.

Die Leitseile des Tandemgeschirres sollen stets aus braunem, weichem Leder angefertigt und ziemlich breit geschnitten sein.

Es ist dies keineswegs eine Forderung der Mode, sondern die praktische Erfahrung hat dem Fahrer gelehrt, dass weiche und breite Zügel sich besser halten lassen, wie harte und schmale. Ein breiter Zügel ruht schon in der halb geschlossenen Hand fest und sicher, wohingegen ein schmaler nur durch anstrengendes Zugreifen der Finger in der richtigen Lage erhalten werden kann.

Die meisten Tandemfahrer begehen den Fehler, die Ringe am Kopfgestell des Gabelpferdes, durch welche die Leitseile des Spitzenpferdes durchgezogen werden, zu tief herunterhängen zu lassen. Hierdurch wird es dem letzteren sehr erleichtert, die Zügel mit dem Schweife zu fangen. Und gelingt ihm das, so pflegt auch die dem Fahrvergnügen ein schnelles aber kein schönes Ende bereitende Katastrophe selten auf sich warten zu lassen. Zu hoch dürfen die fraglichen Ringe allerdings auch nicht sitzen, denn dann werden dem Spitzenpferde jedesmal, wenn das Gabelpferd mit dem Kopfe schlägt, heftige Rucker im Maul versetzt. Schliesslich sei mit Bezug auf die Zügelleitung noch erwähnt, dass es sich nicht empfiehlt, die Zügel des Spitzenpferdes durch die Kummetringe am Geschirr des Gabelpferdes durchzuziehen. Es genügt vollkommen, sie durch die Ringe des Kammdeckels zur Hand des Fahrers zu leiten.

Wir glauben, dass das, was wir hier über die Anschirrung eines Tandemzuges mitgeteilt, dem Liebhaber genügen wird. Wer unsere Ratschläge befolgt, darf sich jedenfalls versichert halten, dass er die Kritik des Fachmannes in diesen Stücken nicht zu fürchten braucht.

Die einzigen Wagen, die den Anforderungen des Tandemfahrers entsprechen, ist das zweiräderige Dog-Cart (Fig. 88) und das wieder modern gewordene Cart älteren Modells (Fig. 89). Die Etikette befindet sich daher in vollständiger Übereinstimmung mit der Praxis, wenn sie für diesen Sport die Anwendung eines vierrädrigen Gefährts strenge verbietet. Der Neuling wird sich hierüber nicht beklagen, denn auf seine vermutlich ohnehin etwas aufgeregte Nerven kann es nur beruhigend einwirken, dass er bei scharfen Wendungen oder wenn das Gabelpferd ihm plötzlich den Gehorsam kündigen sollte, jeder Sorge um so gefährliche Anhängsel, wie es die Hinterräder in solchen Fällen sein können, enthoben ist.

Im allgemeinen gilt die Regel, dass ein Cart, das zum Tandemfahren benützt werden soll, nicht zu leicht, nicht zu schmal und nicht zu niedrig sein darf. Als Normalmass für die Radhöhe möchten wir 1447—1524 mm bezeichnen; der Kasten wird oben 1000 und unten 960 mm breit sein und das Gewicht

Fig. 88. Tandem-Cart.

des Carts ungefähr 325 Kilo betragen müssen. Eine Hauptsache bei der Konstruktion derartiger Wagen ist, dass sie stets ins Gleichgewicht gehängt werden können. Nicht einmal ein halbes Kilo darf auf den Gabelbäumen ruhen. Diejenige Verschiebung des Gleichgewichtes, die ein, besonders für die Inhaber der rückwärtigen Sitze höchst ungemütliches Hintenüberhängen des Kastens zur Folge hat, ist natürlich ebenfalls ängstlich zu vermeiden. Richtig hängt der Wagen, wenn die Gabel vollkommen horizontal liegt und das ruhige Spiel der Gabelträger zu erkennen giebt, dass das Pferd kein Gewicht zu tragen hat. Dies lässt sich bei jeder Belastung ohne Veränderung in der Lage der Sitze oder der Gabelträger durch einen rechts vom Kutscher angebrachten Hebel erreichen, der, wenn er in Bewegung gesetzt wird, den ganzen Kasten je nach Bedarf vor- oder zurückschiebt. Angehalten braucht zu diesem Zweck nicht werden; im Gegenteil die Korrektur der Gewichtsverhältnisse wird während der Fahrt am leichtesten und sichersten zu bewerkstelligen sein. Wie wertvoll eine derartige Vorrichtung in hügeligem Terrain sein muss, braucht wohl kaum hervorgehoben zu werden.

Fig. 89. Tandem-Cart.

Dasselbe lässt sich mit Bezug auf den vor kurzem von der Firma Matthews and Silver, Conybeare Street, Birmingham, erfundenen verschiebbaren Sitz (Fig. 90 und 91) sagen. Die Zeichnungen sind so deutlich, dass wir wohl von einer genaueren Beschreibung derselben absehen können. Wir bemerken nur, dass das Sitzbrett auf der unteren Fläche an beiden Seiten auf mit Gummi überzogenen Rollen ruht, die lautlos vor- oder rückwärts gleiten, wenn der Mechanismus mittelst des vernickelten Handgriffes in Bewegung gesetzt wird. Dies geschieht durch Heben des Griffes, worauf der Sitz ohne Belästigung der Wageninsassen je nach Bedarf entweder weiter vor- oder zurückgeschoben werden kann. Ist hierdurch die gewünschte Lage des Sitzes erzielt, so drückt man den Griff herunter und senken sich dann die an den beiden Endpunkten der Hebestange befindlichen

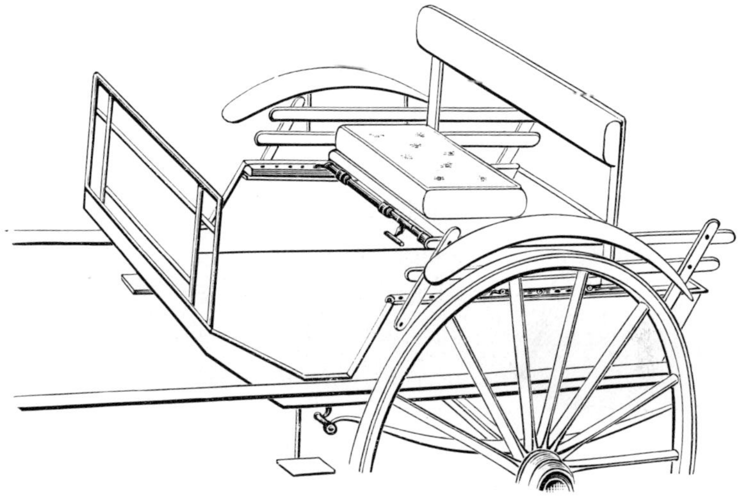

Fig. 90. Cart mit verschiebbarem Sitz.

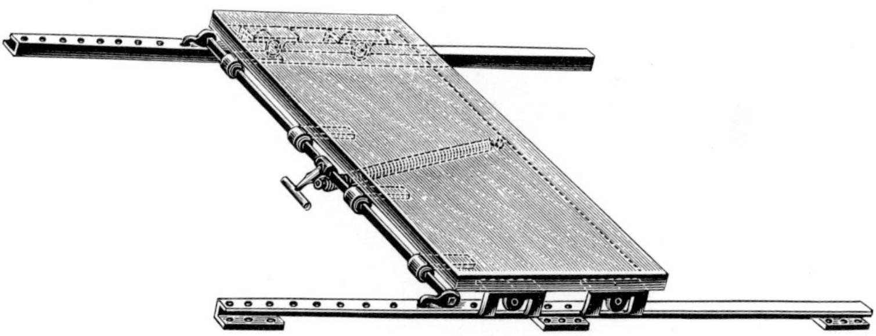

Fig. 91. Mechanismus des verschiebbaren Sitzes.

Haken in die für sie bestimmten Löcher in den Seitenschienen, was zur Folge hat, dass nun keine noch so geringe Verschiebung des Sitzes mehr stattfinden kann.

Der ganze Mechanismus ist ebenso einfach und leicht zu handhaben, wie unfehlbar in seiner Wirkung. Dass derselbe sehr bald allgemeine Verbreitung finden werde, unterliegt daher für uns keinem Zweifel.

Was die Form der Gabelbäume anbelangt, sind wir der Ansicht, dass für den Tandemwagen die gerade der gebogenen, schwanenhalsartigen entschieden vorzuziehen sei. Selbstverständlich muss auch für genügenden Raum in der Gabel und für entsprechende Länge der Bäume gesorgt werden. Letztere wird in der Regel nicht unter 1,90 m betragen dürfen.

Ebenso angelegentlich empfehlen wir jedem Tandemfahrer das Gabelpferd nicht an einer Sprengwage, sondern an einem ca. 1 m langen einspännigen Ortscheit ziehen zu lassen. Die Schultern eines empfindlichen Pferdes werden hierdurch sehr geschont, da das bewegliche Ortscheit sich der Aktion des Pferdes anpasst, anstatt derselben, wie dies bei der festen Sprengwage der Fall ist, starren Widerstand entgegenzusetzen.

Der auf Dog-Carts älterer Konstruktion nie fehlende hohe und stark abschüssige Kutschersitz kann den Rosselenker beim Tandemfahren unter Umständen in sehr missliche Lagen bringen. Man denke sich z. B. den Fall, dass das Gabelpferd plötzlich einen Rumpler macht oder aus irgend einem Grunde zu lançadieren beginnt. Wie soll da der mehr stehende wie sitzende Fahrer das Gleichgewicht beibehalten können? Wir wetten hundert gegen eins, dass er in der nächsten Sekunde eine Lerche schiesst. Und nicht besser wird es ihm ergehen, wenn das Spitzenpferd ohne Meldung vom Pfade der Tugend abweichen sollte. Wer Tandem fahren will, sei daher in seinem eigenen Interesse darauf bedacht, dem Bocksitze eine weniger lebensgefährliche Form geben zu lassen. Ganz flach braucht das Kissen ja darum nicht zu werden; die Sitzfläche darf nur nicht so abschüssig sein, dass sie ein festes Niedersetzen vollständig ausschliesst.

Fährt der kutschierende Herr nur in der Begleitung eines Grooms, so lässt er diesen neben sich Platz nehmen, nachdem zuvor das rückwärtige Fussbrett hinaufgezogen worden.

Der Kotschirm ist von der neuesten Mode für Tandem-Carts abgeschafft und durch eine plattierte Leitseilstange ersetzt worden. Wir erwähnen dies nur nebenbei, denn dass der bisher gebräuchliche Schirm aus lackiertem Leder von der Mode definitiv zum alten Eisen geworfen werden könnte, halten wir für höchst unwahrscheinlich. Dazu ist er doch zu praktisch.

Auf der rechten Seite des rückwärtigen Sitzes hat der zum Unterbringen der Stöcke und Schirme bestimmte Behälter aus braunem Geflecht seinen Platz; links ist das lederne Etui für das Signalhorn (Fig. 92) befestigt. Zwei grosse Laternen vervollständigen die sportmässige Ausrüstung des Tandemfahrers. Will er noch eine dritte, kleinere Laterne vorne am Kotschirm anbringen, so wird ihm diese bei Nachtfahrten vortreffliche Dienste leisten.

Obgleich die gewöhnliche Viererpeitsche recht gut auch zum Tandem verwendet werden kann, wird doch derjenige Sportsman, der Wert auf mustergiltige Korrektheit seines „Turn-out's" legt, sich beim Tandemfahren einer speziell für diesen Zweck angefertigten Peitsche bedienen. Eine solche ist sowohl leichter wie auch kürzer als die Viererpeitsche. Für den Stock, zu welchem, wenn auf beste Qualität gesehen wird, nur das Holz der Steineiche Verwendung finden darf, genügt eine Länge von 1,9 m; die Schnur muss ungefähr 3 m lang sein.

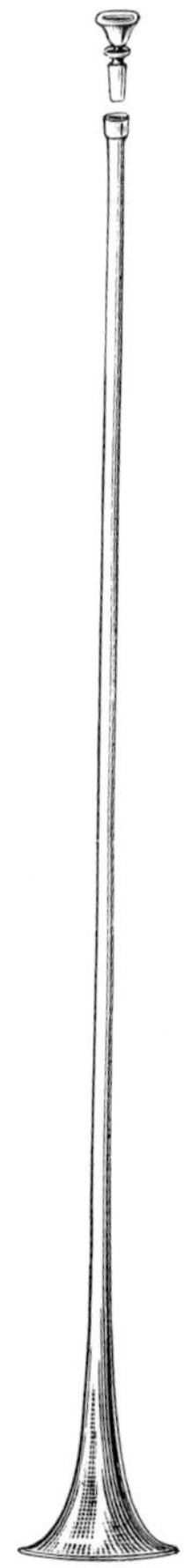

Fig. 92. Signalhorn.

Der Vollständigkeit wegen sei schliesslich auch noch erwähnt, dass die gegenwärtige Mode dunkle Farben — schwarz, dunkelblau oder dunkelgrün — für den Kasten des Tandem-Carts und gelb oder rot für die Räder bevorzugt.

Tandem im Schlitten zu fahren, ist nicht nur als ein sehr hübsches sportliches Vergnügen zu bezeichnen, sondern hat auch seine praktischen Vorteile. Wie schwerwiegend diese sind, lässt sich am besten auf dem Lande ermessen, wenn die Wege infolge anhaltenden und heftigen Schneewetters so schmal geworden, dass zwei nebeneinander gespannte Pferde kaum Platz auf denselben finden und hierdurch zum Deichseldrängen verleitet werden. Ausserdem ermöglicht die Tandemanspannung den Reitpferden in der zum Reiten wenig geeigneten Saison gesunde Bewegung zu verschaffen. Die Schwierigkeit, dem Kutschersitz eines Schlittens die zum Tandemfahren erforderliche Höhe zu geben, wird daher manchem Sportsman Verdruss bereitet haben. Mit einem Schlitten der in Fig. 93 abgebildeten amerikanischen Form kann dem nun vollständig abgeholfen werden. Das Gestell dieses Schlittens hat nämlich eine solche Höhe, dass es einem geübten Fahrer — und nur ein solcher darf es wagen, die Zügel eines Tandemzuges zu ergreifen — die Möglichkeit bietet, Auge und Hand beim Lenken seines Gespannes ohne nennenswerte Beschränkung zu gebrauchen.

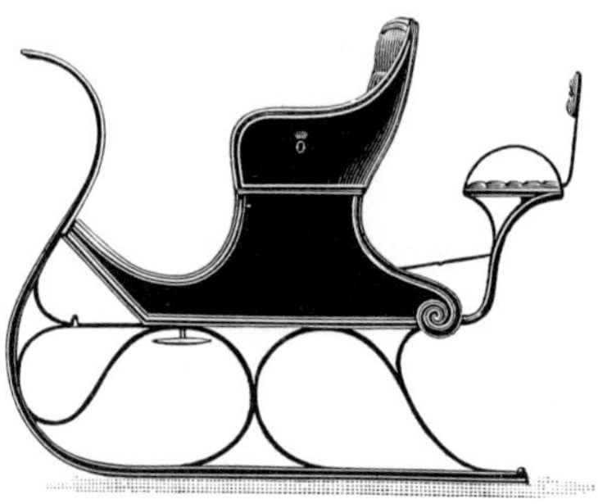

Fig. 93. Tandem-Schlitten.

Da das mit dem Tandemfahren im Schlitten verknüpfte Risiko hierdurch auf ein sehr geringes Mass reduziert worden, wollen wir auch erwähnen, dass das für die Zusammenstellung der meisten Equipagen geltende Gebot vornehmer Einfachheit, keine Anwendung auf den Schlittensport findet. Dieser soll im Gegenteil die im winterlichen Kleide gehüllte Landschaft mit lebhaften, farbenprächtigen Bildern bevölkern. Hierbei jedes Übermass zu vermeiden, ist die Aufgabe des guten Geschmackes. So darf z. B. am Schlitten nur das Gestell leuchtende Farben erhalten; der Kasten wird stets dunkel lackiert werden müssen. Als eine moderne Farbenzusammenstellung wäre zu nennen: dunkelgrüner, mit lichtgrünen Linien beschnittener Kasten und rotes Gestell; dazu Garnierung aus granatrotem Tuch für das

Innere des Kastens und Schweinsleder für den Dienersitz. Sehr praktisch ist es, wenn letzterer, wie auf dem vorstehend abgebildeten Schlitten zusammengeklappt und in dem unteren Teil des Kastens versenkt werden kann. Ein Bärenfell als Decke für die Insassen des Schlittens darf nie fehlen. Man muss beim Anblick des im flotten Tempo vorbeifliegenden Gefährtes unbedingt den Eindruck von Reichtum und Komfort erhalten. Frierende Gestalten, die sich eine dünne Reisedecke um die Beine gewickelt, erwecken nur Mitleid. Aus demselben Grunde versehe man den hintenauf sitzenden Diener mit einem möglichst imposanten Pelz, dessen Pelerine und Ärmelgarnierung genau mit der Schlittendecke übereinstimmen muss. Zu diesem Pelz wird ein Cylinderhut mit Kokarde in den Wappenfarben getragen.

Ein weiteres Zugeständnis an die auf farbenprächtige Ausstattung hinweisenden Traditionen des Schlittensports besteht darin, dass man das Geschirr der Pferde mit Schellenkränzen und Federbüschen, am besten mit sog. Stutzen schmückt. Diesbezüglich genaue Vorschriften zu erteilen, halten wir für überflüssig. Wir bemerken nur, dass die Schlittenfarben auch die Farbe der Federbüsche bestimmen und letztere, aufrechtstehend zwischen den Ohren der Pferde und den Zügelringen des Kammdeckels angebracht, die Handhabung der Leitseile am wenigsten beeinträchtigen.

Die einspännigen Luxus-Equipagen.

Das sehr reichhaltige Verzeichnis einspänniger Luxus-Fuhrwerke umfasst eine ganze Reihe gedeckter, halbgedeckter, offener, vierrädriger und zweirädriger Wagen. Sämtliche diese Fuhrwerke gehören jedoch, wenn wir uns so ausdrücken dürfen, zur Négligé-Abteilung des Equipagenparks. Bei der Ausstattung und Zusammenstellung derartiger „Turn-out's" wird man sich daher der grössten Einfachheit befleissigen müssen, wenn man nicht in den Verdacht kommen will, die Geschäfte irgend eines Zirkus oder einer reklamebedürftigen Droguenhandlung zu besorgen. Eleganz ist darum keineswegs ausgeschlossen, nur darf diese einzig und allein durch eine von hervorragender Sachkenntnis zeugende Korrektheit jedes Details erzielt werden. Man sehe sich den Morgenanzug eines Mannes von Welt an und man wird sofort darüber aufgeklärt werden, wie vortrefflich sich Eleganz mit Einfachheit verbinden lässt.

Die Zahl der gedeckten einspännigen Wagen, mit denen wir uns hier zu beschäftigen haben werden, ist nicht gross. Das zweisitzige Coupé und das für den Privatgebrauch bestimmte Hansom-Cab — andere wüssten wir nicht zu nennen.

Das einspännige Coupé (Fig. 94) wird mit Recht als eines der praktischsten Fuhrwerke für den Stadtgebrauch hoch geschätzt. Zum Spazierenfahren ist es allerdings weniger geeignet. Soll aber zum Besuche- oder Kommissionenmachen oder zu kurzen, abendlichen Fahrten eingespannt werden, so empfiehlt sich der einspännige gedeckte Wagen von selbst. Er bietet denselben Komfort wie ein zweispänniger, und jedesmal, wenn er benützt wird, kann sich die Herrschaft sagen, dass sie dem Stallpersonal und den Pferden eine wesentliche Erleichterung ihres, besonders in der Stadt, oft sehr harten Dienstes bereitet hat.

Dem einfachen Charakter dieses Gefährtes entsprechend, passen für dasselbe nur dunkle Farben, wie z. B. dunkelblau und dunkelbraun. Schwarz und dunkelgrün sind jedoch nicht mehr modern und in Paris bekommt man an den Coupés sogar

Fig. 94. Einspänniges Coupé.

schon rote Räder zu sehen. Vornehm ist dieser „dernier cri de la mode“ indessen nicht zu nennen. Wappen, sowie Monogramme, dürfen auf dem einspännigen Coupé nicht angebracht werden; denn in einem solchen Wagen will man doch unter Umständen auch incognito fahren können. Zu der inneren Garnierung wird gewöhnlich Tuch oder Leder in der Farbe der Lackierung genommen. Sehr praktisch ist es, die Sitzkissen, auch wenn die übrige Garnierung aus Tuch bestehen sollte, auf der einen Seite mit Leder und auf der anderen mit Tuch beziehen zu lassen. Man sichert sich dadurch eine für jede Temperatur passende Sitzfläche. Zu dem Komfort der Wageninsassen wird es ferner wesentlich beitragen, wenn das Coupé im Inneren mit einem Signalapparat der weiter oben beschriebenen Art, einem Spiegel und einem Aschenbecher versehen wird. Schliesslich sei mit Bezug auf die Ausstattung des Wagens

Fig. 95. Pferd für einspänniges Coupé.

noch kurz bemerkt, dass Gummiräder auch für das einspännige Coupé, das allen Ansprüchen an Eleganz genügen soll, absolut unentbehrlich sind.

Das einspännig zu verwendende Coupépferd muss sich vor allem durch noble Haltung und schöne Aktion auszeichnen.

Gross braucht es nicht zu sein, 158 bis höchstens 160 cm werden sich vor den meisten Coupés als das richtige Mass erweisen — aber fehlt ihm der elegante Schnitt, so ist es für den hier in Rede stehenden Zweck nicht zu gebrauchen. Ein gemeiner Gaul mit nachlässiger Haltung, watschelndem Gang und eingeklemmtem Schweif macht in der Gabel des Coupés eine so tragikomische Figur, dass auch der Nichtkenner sich bei diesem Anblicke versucht fühlen wird, den Besitzer der betreffenden Equipage des „groben Unfugs" zu beschuldigen. Um so unerklärlicher erscheint es, dass gerade derartige Unglücksrosse die Mehrzahl unter den Pferden bilden, die Verwendung vor dem Coupé finden. Nur ganz ausnahmsweise bekommt man ein Tier dieser Klasse zu sehen, das nicht zu gross oder zu klein, zu gemein oder zu wenig gängig wäre. Der freundliche Leser wolle nur das in Fig. 95 wiedergegebene Porträt eines typischen Coupépferdes betrachten. Wir glauben nicht, dass er uns dann den Vorwurf machen wird, zu scharf in unserem Urteil gewesen zu sein.

Aus diesem Bilde ist auch zu entnehmen, welche Art von Geschirr zum einspännigen Coupé benützt wird. Im allgemeinen gilt die Regel, dass das Coupépferd nicht „zu wenig Leder" tragen darf. Der Kammdeckel (am Einspännergeschirr auch Sellet genannt) erhält daher eine recht solide Form, die Stränge sind breit geschnitten und durch Auflegen eines Schlagriemens, eventuell auch eines Hinterzeuges, wird für die nötige Bekleidung des Hinterteiles gesorgt. Zur vorschriftsmässigen Beschirrung gehören ferner: Stirnriemen und Kokarde aus Metall oder farbigem Lackleder, schwere Fahrkandare mit zurückgebogenen Unterbäumen, gelbe Zügel, mittelschweres Kummet mit plattiertem Bügel, plattierte Deckelringe und Schnallen. Der Kutscher trägt die einfache englische Livree, welcher im Winter der mit Pelzpelerine versehene Fahrpelz und eine am oberen Rande mit kleinem Wappenschilde geschmückte Pelzdecke hinzugefügt wird.

Obwohl das für den Privatgebrauch bestimmte Hansom-Cab

in Deutschland zu den seltenen Erscheinungen gehört, wollen wir dasselbe doch nicht völlig mit Stillschweigen übergehen. Wir sind nämlich der Ansicht, dass die neueste Form dieses Vehikels — das sog. „Court-Hansom" — (Fig. 96) wohl Anspruch auf Beachtung seitens des kontinentalen Equipagenbesitzers erheben darf. Eigentlich sollte dasselbe Coupé-Hansom

Fig. 96. Court-Hansom.

genannt werden, denn in Wirklichkeit ist es nichts anderes als ein zweisitziges Coupé, dessen Kutschersitz wie bei allen Hansoms rückwärts angebracht worden. Verglichen mit dem gewöhnlichen Cab hat das Court-Hansom mehrere sehr in die Augen fallende Vorzüge. Zu diesen zählen wir, dass die Insassen nicht der Gefahr ausgesetzt sind, aus dem Wagen geschleudert zu werden, falls das Pferd hinstürzen sollte; dass die Damen nicht zu befürchten brauchen, sich beim Einsteigen die Kleider zu beschmutzen; dass den Herren nicht durch nachlässiges Herunterlassen der Vorderfenster die Hüte eingetrieben werden können und dass die Aussicht nach vorne durch nichts behindert wird. Das sind lauter Vorteile, die kein anderes Cab, selbst das verbesserte „Imperial Brougham-Hansom“ (Fig. 97) nicht, aufzuweisen vermag.

Das Cab wird stets mit einem Blutpferde gefahren. Sogar der Kutscher, bezw. Eigentümer eines öffentlichen Hansoms sucht, wenn irgend möglich, in den Besitz eines Pferdes zu ge-

Fig. 97. Imperial Brougham-Hansom.

langen, dessen Abstammung ihm für Schnelligkeit und Ausdauer bürgt. Dies ist auch der Grund, weshalb so viele niedergebrochene Vollblutpferde ihr Dasein im Hansom-Cab beschliessen Wenn im richtigen Augenblicke erworben, pflegen solche Nieten der Zucht- und Rennlotterie nicht teurer zu sein, wie irgend ein anderes brauchbares Pferd; kommt es aber — was im harten Dienste des Droschkenpferdes tagtäglich der Fall — zu einer ernsten Erprobung der Leistungsfähigkeit, so laufen sie, wenn es not thut, auf drei oder noch weniger Beinen, jeden gemeinen Gaul einfach tot.

Zu den halbgedeckten einspännigen Luxuswagen übergehend, werden wir uns in erster Reihe mit der Victoria, in Paris Mylord genannt, zu beschäftigen haben (Fig. 98). Es ist dies ein hocheleganter Wagen, der als eine verkleinerte Auflage der zweispännigen Victoria bezeichnet werden kann. Eine verkleinerte aber wahrlich keine vereinfachte Auflage. Denn nur das grösste Sachverständnis vermag bei der Zusammenstellung dieser Equipage das richtige Bild zu schaffen. Da muss jedes kleine Detail den Inbegriff von Chic und raffiniertem Luxus verkörpern. Der Wagen, das Pferd, das Geschirr, die Livreen, die Toilette

Fig. 98. Einspännige Victoria (Mylord).

der Dame — das alles soll nicht nur zu einander passen, sondern auch im einzelnen den unbedingten Beifall des Kenners finden. Kein Wunder daher, dass wir so überaus selten eine im wahren Sinne des Wortes elegante einspännige Victoria zu sehen bekommen.

Die geringste Schwierigkeit bietet wohl die Beschaffung eines allen Anforderungen entsprechenden Wagens. Bei den ersten Wagenbaufirmen Englands und des Kontinents findet man ja stets eine grosse Auswahl durchaus moderner und solide Fuhrwerke jeder Gattung, die auch mit den neuesten Einrichtungen, wie z. B. der automatisch wirkenden Verdeckfede (Fig. 99), ausgestattet sind. Trotzdem sei hier nochmals darau hingewiesen, dass Wagen, die für den Stadt- und Parkgebrauch bestimmt sind und somit nicht den sportsmässigen Vehikeln zugezählt werden können, nur in dunklen Farben lackiert werden dürfen. Man vermeide daher auch bei der einspännigen Victoria jede grellere Farbe, wenn man sich nicht eines groben Verstosses gegen den guten Geschmack schuldig machen will.

Zu einem solchen Wagen gehört natürlich ein Pferd mit ungemein viel Schnitt und einer Aufsehen erregenden glänzenden Aktion. Derartige Tiere sind aber überall sehr schwer aufzutreiben. Und doch kann da nichts nachgelassen werden, denn für den Fachmann giebt es in vorliegendem Fall keine andere Lösung als: „Entweder, oder". Entweder das richtige Pferd oder ein anspruchsloseres Fuhrwerk.

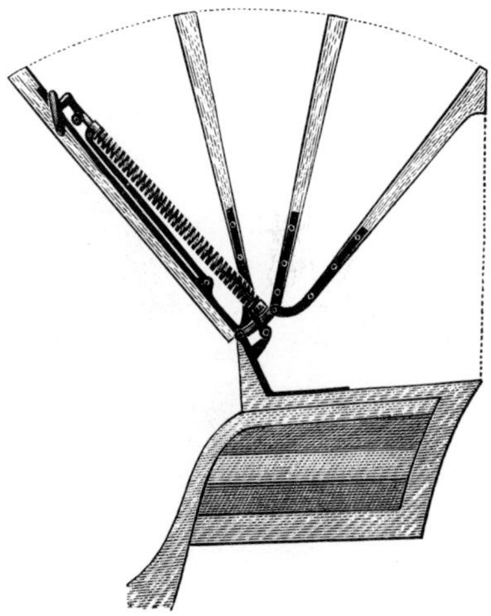

Fig. 99. Automatisch wirkende Verdeckfeder.

Eine einigermassen deutliche Vorstellung von den charakteristischen Points eines einspännig zu verwendenden Victoriapferdes wird der Leser durch aufmerksame Betrachtung unserer Abbildung (Fig. 100) gewinnen. Die rechte Grösse für ein solches Pferd ist 158 cm Stockmass.

Wie für den Wagen und das Pferd, ist auch für das Geschirr elegantester Schnitt das Haupterfordernis. Von dem Coupégeschirr unterscheidet sich das Victoriageschirr ausser durch grössere Leichtigkeit durch die Form des Kammdeckels und der Scheuleder. Ersterer ist nämlich nicht wie ein Sellet geschnitten, sondern gleicht dem Deckel eines zweispännigen Geschirrs, während letztere eine aussergewöhnlich leichte und gefällige Form zeigen. Als Gebiss darf nur die Buxtonkandare benützt werden.

Dass zu einer solchen Equipage nicht jeder xbeliebige Kutscher passt, liegt auf der Hand. Wer streng auf die in Fachkreisen mit Recht als unerlässlich betrachtete Harmonie im Gesamtbilde hält, wird sogar sehr hohe Anforderungen an den Mann stellen, der würdig erachtet worden, den Bocksitz eines „Mylords" einzunehmen. „Nicht zu gross und schwer, in

Fig. 100. Pferd für einspännige Victoria.

seiner Haltung, Frisur, Livree und Fahrmethode das Kutschergigerl, wie es im Buche steht," so hätte ungefähr das Verzeichnis derjenigen Eigenschaften zu lauten, die den Betreffenden unbedingt kennzeichnen müssen, wenn der Richterspruch der fachmännischen Kritik zu seinen Gunsten ausfallen soll. Mit einer einspännigen Victoria den gewünschten Effekt zu erzielen, ist daher eine ungemein schwierige Aufgabe, die nur von einem wirklichen Fachmann gelöst werden kann.

Sehr modern sind in Paris gegenwärtig die niedrigen, zweirädrigen Charettes oder Chaisen (Fig. 101), die, um als vollkommen chic zu gelten, dunkelbraun lackiert sein müssen. Des Morgens im Bois kann man zahlreiche elegante Damen in diesen bequemen Wägelchen die Alleen auf- und abfahren sehen. Da die Charette das Mitnehmen eines Grooms nicht gestattet, muss die Dame selbst die Zügel führen. Ein zu schneidiges Pferd wäre daher in diesem Fuhrwerk nicht an seinem Platz. Am besten passt ein Cob oder ein Pferd vom Hackney-Schnitt in

Fig. 101. Pariser Charette.

der Höhe von ca. 150 cm; doch thut es ein Doppelpony von knappen 145 cm auch, zumal wenn die Charette nicht von der grössten und schwersten Sorte. Im übrigen verweisen wir auf Fig. 104, aus welcher auch für die Bespannung und Beschirrung einer Charette-Equipage das Wissenswerteste zu entnehmen ist.

Nahe verwandt mit der Charette ist das wiederum modern gewordene Cabriolet (Fig. 102). Ein wesentlicher Vorzug dieses etwas altväterisch erscheinenden Fuhrwerks besteht jedoch darin, dass es rückwärts mit einem Trittbrett für den bei vielen Gelegenheiten schwer zu entbehrenden Groom ausgestattet ist. Es lässt sich auch nicht ableugnen, dass der ganze „Turn-out" hierdurch einen sehr vornehmen Anstrich erhält. Da dieser

Wagen von schwerfälliger Form ist, erfordert er ein grosses und stattliches Pferd mit entsprechender Beschirrung.

Ein leichteres Cabriolet, das ebenfalls als höchst fashionabel anzusehen ist, zeigt Fig. 103. Auf diesen beiden Wagen darf nur ein sehr kleiner Groom mitgenommen werden. Dass für das leichtere Cabriolet auch ein kleineres, leichteres Pferd zu verwenden ist, versteht sich von selbst. Wir können uns daher

Fig. 102. Grosses Cabriolet.

wohl darauf beschränken, den Hackney-Schlag, als für den vorliegenden Zweck bestens geeignet, der Beachtung unserer Leser ganz besonders zu empfehlen.

Zu den halbgedeckten, einspännigen Fuhrwerken gehört auch das Buggy (Fig. 104). Der hier abgebildete Wagen ist aus den Ateliers der berühmten Wagenbaufirma Bail Jeune, Frères Paris, Avenue Victor-Hugo, hervorgegangen. Das Geschirr — naturbraun und silberplattiert — hat der Sattler Gabriel Clément, Paris, Boulevard Haussmann, geliefert. Diese beiden Namen bürgen für Korrektheit und modernste Eleganz in jedem

Detail. Und da nun ausserdem die Abbildung mit Bezug auf Deutlichkeit kaum etwas zu wünschen übrig lässt, dürfte es genügen, wenn wir bemerken, dass ein solcher Wagen mit einem kleinen, stämmigen aber schneidigen Cob oder Hackney bespannt, für Park- und Landfahrten jedem anderen einspännigen Fuhrwerk vorzuziehen ist.

Eine Klasse für sich unter den halbgedeckten Einspännern bildet der amerikanische Road Wagon (Fig. 105). Auf breiten asphaltierten Boulevards oder macadamisierten Parkwegen ausser-

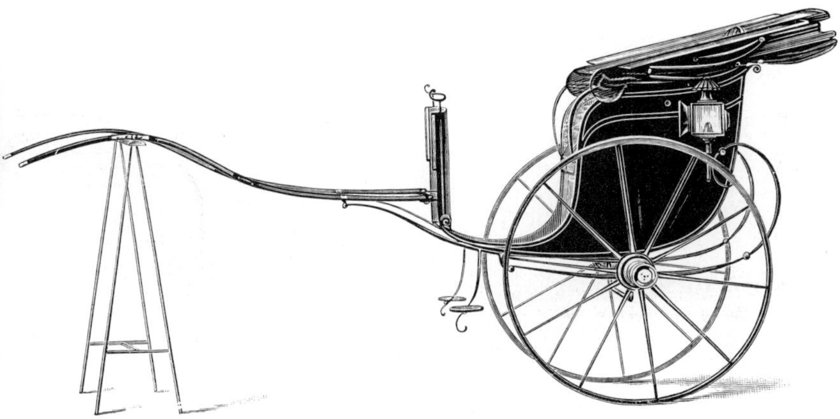

Fig. 103. Kleines Cabriolet.

ordentlich angenehm zu fahren, hat dieser überaus leichte Wagen doch mehrere Nachteile, die seiner allgemeinen Verbreitung in Europa wohl immer hinderlich sein werden.

Als solche sind zu bezeichnen: 1) dass bei schmutzigem Wetter der Strassenkot in den Wagen geschleudert wird und dass das vordere Spritzleder lächerlich niedrig ist; 2) dass der Wagen auf einem Landwege von gewöhnlicher Breite nicht verwendet werden kann und 3) dass der Fahrende viel zu niedrig sitzt.

Zu dem Stil eines derartigen Wagens gehört natürlich, dass alles den unverfälschten amerikanischen Schnitt erhält; also: Trabergeschirr leichtester Gattung mit Oberkiefer-Aufsatzzügel und Hinterzeug, aber ohne Scheuleder, und ferner ein amerikanisch gezogener Schnelltraber, dessen Schweif nahezu bis auf die Erde herabreicht. Anstatt der gewöhnlichen Bogenpeitsche wird eine lange, biegsame Gerte verwendet. Zu beachten ist auch, dass wenn ein Kutscher oder Groom mitfahren sollte, dieser nicht in Livree gekleidet sein darf, sondern den Interimsanzug benützen muss. Die beliebteste Farbe für einen Road Wagon ist gegenwärtig grün, doch hat blaue Lackierung ebenfalls viele Freunde.

Fig. 104. Pariser Buggy.

Wir bitten den Leser, diese Fingerweise nicht als etwas Nebensächliches zu betrachten, denn wir können ihm versichern dass unter den vielen Zerrbildern, die der Unverstand auf dem Gebiete des Equipagenwesens zu stande gebracht, der Cob im Kummetgeschirr vor einem amerikanischen Traberwagen, womöglich noch von einem in galonnierter Livree gekleideten Kutscher gefahren, keineswegs in letzter Reihe genannt zu werden verdient.

Die nicht mit Verdeck versehenen einspännigen Wagen gehören beinahe alle zu der ungemein zahlreichen Klasse de zweirädrigen Fuhrwerke sportlichen Charakters. Diese sämtlich hier zu besprechen, müssen wir uns mit Rücksicht auf den knapp bemessenen Raum, der uns noch zur Verfügung steht leider versagen, doch sollen dem Leser die gebräuchlichsten

Fig. 105. Amerikanischer Road Wagon.

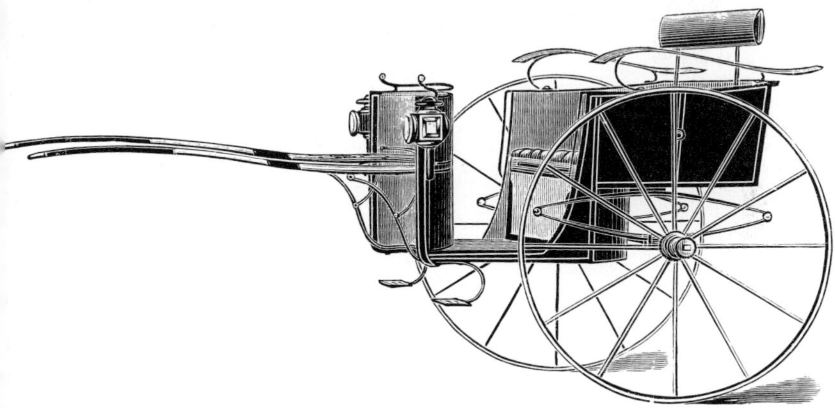

Fig. 106. Bombay-Cart.

und modernsten jener Wagentypen, fachmässig geordnet, in Wort und Bild vorgeführt werden.

Den Übergang von den Parkwagen zu den Sportkarren vermittelt das sog. Bombay-Cart (Fig. 106), das mit Bezug auf Bequemlichkeit alles übertrifft, was die Wagenbaukunst in diesem Genre bisher hervorgebracht hat. Ein Lehnstuhl auf Rollen kann nicht bequemer sein. Was für ein Pferd zu diesem Gefährt am besten passt, ergiebt sich hieraus von selbst. Die Auswahl ist nicht gross. Man hat nur zu entscheiden, ob man dem kleinen Cob oder dem gedrungenen Doppelpony den Vorzug schenken soll. Die Hauptsache ist, dass der Gaul eine lebhafte,

Fig. 107. Gig.

möglichst hohe Aktion zeige. Mit dem hübschen Gig-Geschirr bekleidet, wird er dann allen Ansprüchen genügen.

Ein weit schneidigeres und sportmässigeres Fuhrwerk ist das Gig (Fig. 107), das aus diesem Grunde auch einen kapitalen Geher in der Gabel haben muss. Gig-Geschirr — braun oder schwarz — ist selbstverständlich obligatorisch. Als Gebiss benütze man das sog. Liverpool Bit. Die innere Garnierung des Wagens besteht aus hellem, drapfarbigem Tuch; der Kasten ist braun, das Untergestell rot lackiert. Fährt ein Diener mit, so hat er mit gekreuzten Armen neben seinem Herrn Platz zu nehmen.

Das Skelett-Gig (Fig. 108) gehört kaum mehr zu den Luxusfuhrwerken. Da dasselbe aber auf dem Lande für schnelle

Fig. 108. Skelett-Gig.

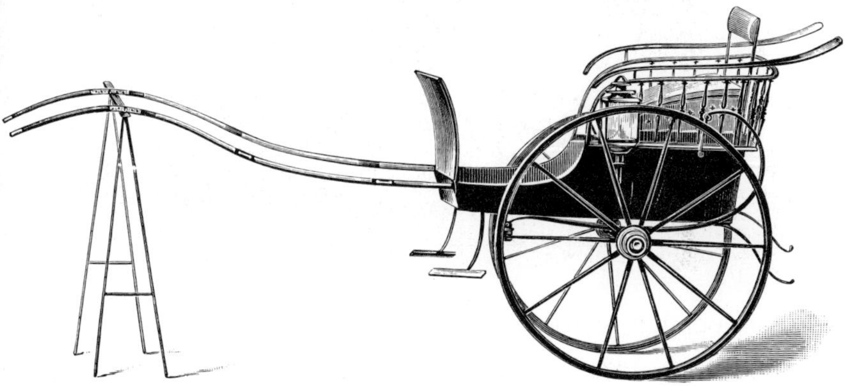

Fig. 109. Morning-Cart.

Fahrten zur Bahn oder zur nächsten Stadt, sowie zum Bewegen eines Trabers vorzüglich geeignet ist, möge es trotzdem hier Aufnahme finden. Lackiert wird dieses Gig gewöhnlich in Natur-Eschenholz mit schwarzen Eisenteilen; zur Garnierung nimmt man naturfarbigen Teppichstoff oder Schweinsleder. Das Pferd trägt schwarzes, starkes Brustgeschirr mit Schlagriemen und

Doppelringtrense. Livree gehört nicht zum Stil eines derartigen Wagen. Wie zu allen Fuhrwerken rein sportlichen Charakters darf zum Skelett-Gig nur der Interimsanzug benützt werden.

Anspruch auf Eleganz vermag dagegen das Morning-Cart (Fig. 109) zu erheben. Es ist dies einer derjenigen zweirädrigen Wagentypen, die in Paris von der fashionablen Welt mit Vorliebe zu den morgendlichen Spazierfahrten nach dem Bois de

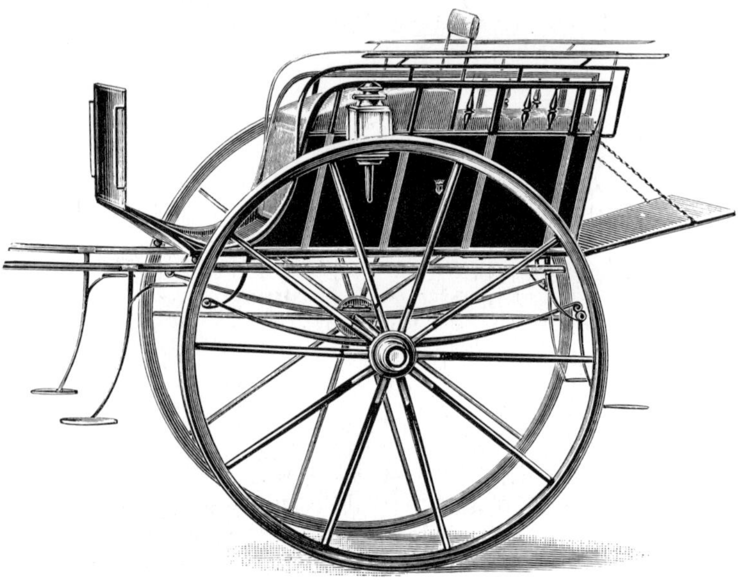

Fig. 110. Dog-Cart (Standard-Form).

Boulogne benützt werden. Daher wohl auch der Name „Morgen-Karre". In die Gabel dieses Carts gehört ein breiter, gängiger Doppelpony.

Wir kommen nun zur Klasse der Dog-, Village- und sonstigen Carts rein sportlichen Charakters. Derartiger Fuhrwerke giebt es eine schwere Menge. Es liesse sich leicht ein ganzes Album mit Abbildungen von Carts der verschiedensten Konstruktion füllen. Für uns kann es sich indessen nur darum handeln den Leser mit denjenigen Wagenformen bekannt zu machen, die als typisch für ihre Klasse zu bezeichnen sind, und dazu dürften, was die Sportkarren anbelangt, die hier wiedergegebenen sechs Abbildungen (Fig. 110, 111, 112, 113, 114 und 115) vollständig genügen.

Fig. 110 stellt ein Dog-Cart des in England als „Standard" geltenden Typus dar, der mit Recht heute noch ebenso beliebt ist wie vor Jahren. Zur Lackierung desselben werden jedoch gegenwärtig, der herrschenden Mode entsprechend, nicht mehr die leuchtenden Sportfarben, sondern dunkle Farbenzusammenstellungen verwendet, so z. B. dunkelolivgrün, russischgrün beschnitten, und als Garnierung grünes Tuch oder Manchester.

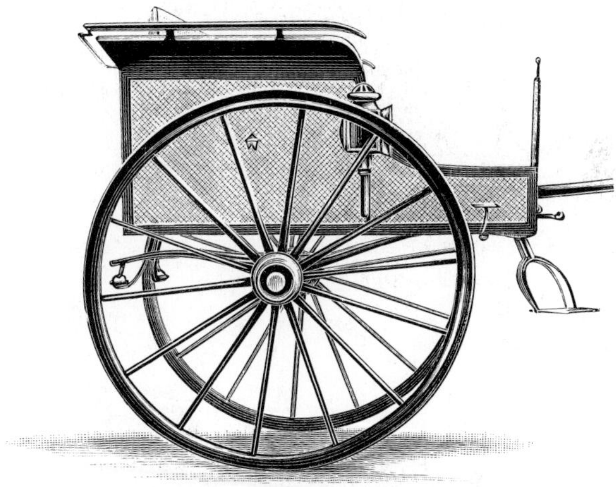

Fig. 111. Dalmatian-Cart.

Ausserordentlich elegant ist auch das in Fig. 111 abgebildete Dog-Cart, das von der Londoner Wagenbaufirma Henry Whitlock, Holland Gate, Kensington, London, W., die ihn zuerst herausgebracht, den Namen „The Dalmatian Car" erhalten hat. Wir bemerken mit Bezug auf diesen Karren, dass winkelrecht zu einander stehende Linien für den Kasten eines Dog-Cart jetzt moderner sind als die schrägen. Für die Lackierung empfehlen wir: das imitierte Korbgeflecht des Kastens perlgrau; der Rahmen dunkelblau; die Räder blau mit breiten schwarzen und schmalen weissen Linien beschnitten. Die Garnierung bestehe aus perlgrauem oder auch blauem Tuch.

Das auf Gummirädern laufende Village-Cart (Fig. 112) muss in Übereinstimmung mit seiner schlichten, aber ebenso praktischen wie gefälligen Form möglichst einfach gehalten werden. Aus diesem Grunde können wir für die Lackierung desselben

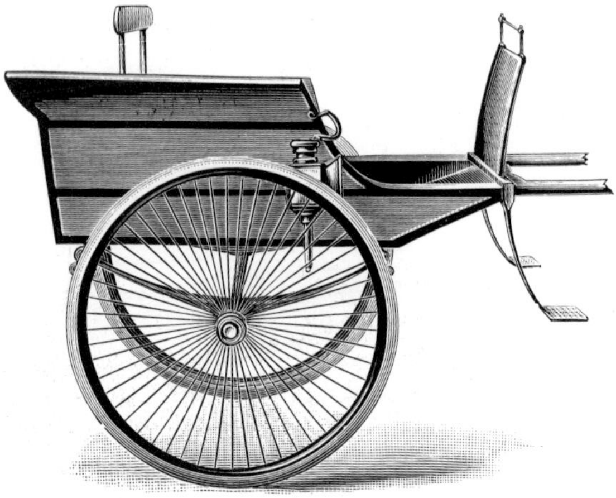

Fig. 112. Village-Cart.

Fig. 113. Pariser Ralli-Cart.

nichts passenderes vorschlagen als: alle Holzteile natur, mit Firniss eingelassen. Sehr hübsch macht sich die Mahagonifarbe; zu der Garnierung nimmt man Schweinsleder oder das zum Strapazieren vorzüglich geeignete Velvet.

Das hochmoderne Pariser Ralli-Cart (Fig. 113) hat einen Kasten aus Korbgeflecht-Imitation, der selbstverständlich nur braun, gelb oder grau lackiert werden darf. Um die seitliche

Kastenfläche weniger schwerfällig erscheinen zu lassen, ist diese durch teils horizontal teils vertikal angebrachte Leisten verschiedenartiger Dicke in mehrere Tafeln abgeteilt worden. Will man aber, was stets anzuraten ist, der Kastenfläche ein noch lebhafteres Aussehen verleihen, so lasse man die schmaleren, horizontalen Leisten in einer passenden, helleren oder dunkleren Farbe lackicren. Man kann sicher sein, hiermit eine überaus günstige Wirkung zu erzielen. Das Innerc des Carts wird mit Tuch oder Leder garniert.

Fig. 114. Princess-Cart.

Wegen seiner originellen dabei aber höchst praktischen Form sehr beliebt, ist schliesslich auch das von der Firma Charles Horsley & Son in Beccles (England) konstruierte „Princess-Cart", in welchem vier Personen bequem Platz finden können. Wie aus den Zeichnungen (Fig. 114 und 115) zu ersehen ist, hat dieses Cart einen verschiebbaren Kutschersitz, wodurch die Regulierung der Gewichtsverhältnisse ungemein erleichtert wird. Ausserdem bietet das Princess-Cart seinen Insassen die sehr beachtenswerte Bequemlichkeit, dass sie, ohne den Kutscher zu belästigen, vorne ein- und aussteigen können und somit nicht genötigt werden, zu diesem Zwecke die Strasse zu betreten.

Für alle die hier angeführten zweirädrigen Einspänner — das Skelett-Gig ausgenommen — ist das Gig-Geschirr vorgeschrieben, jedoch wird dieses für die kleinsten und leichtesten Karren auch von einem entsprechend leichteren Modell sein müssen. Im übrigen aber bleibt die Form sich gleich, und speziell ist darauf zu achten, dass die Schnallen stets eine abgerundete, an die Gestalt eines Hufeisens erinnernde Form erhalten. Hierin besteht nämlich eines der charakteristischen Kennzeichen jedes sportlichen Geschirres, während zum Stadt- und Parkgeschirr nur eckige Schnallen verwendet werden dürfen. Das Gig-Kummet, das, nebenbei gesagt, eine gestrecktere Form haben und stärker ausgepolstert sein muss, wie das für den Stadtgebrauch bestimmte, kann selbst zu schwarzem Geschirr von naturfarbigem Leder sein; dies gilt sogar in Paris als besonders elegant, zumal wenn der Beschlag aus cuivre poli besteht. Sehr hübsch sind auch Kummete aus lackiertem, schwarzem Leder, die auf der inneren Seite mit braunem Leder bekleidet worden. Die Anbringung eines Schlagriemens ist stets zu empfehlen; Aufsatzzügel dagegen gehören nicht zu den Bestandteilen des hier in Rede stehenden Geschirres. Die Scheuleder werden, um mit der Form der Schnallen zu harmonieren, abgerundet sein müssen. An dem mit Metall oder Seide verzierten Stirnband sitzt zu beiden Seiten ein flaches Medaillon aus Metall, oder auch, falls das Stirnband aus Seide, eine mit dessen Farben übereinstimmende Kokarde. Krone oder Herzwappen schmücken das Stirnstück, das Seitenmedaillon, die Scheuleder, den Kammdeckel und das Ende des Schlagriemens. Die Zügel sind aus gelbem Leder angefertigt.

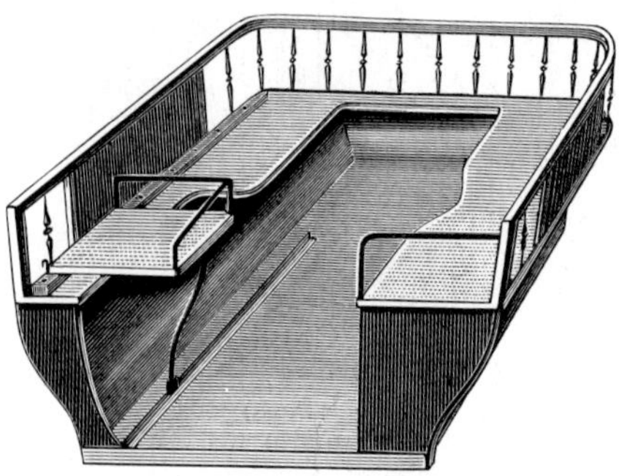

Fig. 115. Das Innere des Princess-Cart.

Die grosse Verschiedenartigkeit der zweirädrigen Einspänner-wagen bedingt natürlich auch einen bedeutenden Unterschied in der Grösse und sonstigen Beschaffenheit der für die einzelnen Wagengattungen am besten geeigneten Pferde. Im Dog-Cart z. B. kann ein Pferd von 165 cm unter Umständen ebenso verwendbar sein, wie eines von 145 cm; im Ponykarren (Fig. 116)

Fig. 116. Ponykarren.

konkurriert der Pony von 125 cm mit dem von 140 cm. Es kommt eben alles auf Form und Grösse des benützten Wagens an. Im allgemeinen gilt die Regel, dass die Höhe der Räder eines zweirädrigen Wagens um $^1/_{12}$ geringer sein soll als die Höhe des betreffenden Pferdes. Ist das Pferd im Verhältnis zum Wagen zu klein oder zu gross, so wird nicht nur der richtige Gebrauch der Zugkraft verhindert, sondern es entsteht auch ein Bild, das allen Schönheitsbegriffen Hohn spricht. Eines jedoch verlangen wir von jedem Einspänner vornehmer Klasse — derselbe möge nun zu den grössten seiner Gattung gehören oder unter die Ponies rangieren — und das ist Aktion, viel und hohe Aktion. Fehlt dem Gaule diese Eigenschaft, so kann er wohl vor dem Milch- oder Gemüsewagen sehr nützliche Dienste leisten, mit seiner Verwendung in der Gabel eines fashionablen Carts aber ist es nichts mehr. Wer ihn trotzdem dazu gebrauchen wollte, würde sich einfach lächerlich machen.

Es sei indessen nochmals in Erinnerung gebracht, dass der einspännige Karren stets und unter allen Umständen als „Négligé" zu betrachten ist, und so wie das weibliche Négligékleid nur zur rechten Stunde und am rechten Orte einen eleganten Eindruck machen wird, muss es auch als ein arger Verstoss gegen die Gesetze der Fahr-Etikette bezeichnet werden, wenn eine Dame beim Korso in einem einspännigen Dog-Cart erscheint. Bei solchen Gelegenheiten gewinnt das Dog-Cart nur mit Tandemanspannung Anspruch auf die Bezeichnung „chic". Man versuche also nicht, dieser Wagenart einen Charakter zu verleihen, der in schroffem Widerspruch zu ihrer Bestimmung steht. Zum flotten Spazierenfahren auf wohlgepflegten Park- und Landwegen das mit Recht bevorzugte Fuhrwerk der eleganten Welt, erinnert das Dog-Cart bei Fahrten mit festlichem Gepräge an eine ländliche Schöne, die aus Versehen in den Kreis blaublütiger Vertreterinnen des High-life geraten.

Fig. 117. Neuartiges Hinterzeug.

Noch widerwärtiger aber ist dem Fachmann der Anblick eines vierrädrigen Dog-Carts oder Kutschier-Phaëtons mit nur einem Pferde in der Gabel. Wenn der Berliner „Budiker“ am Sonntag mit Frau und Kindern in einer solchen Equipage zum Grunewald hinausfährt, so ist nichts dagegen zu sagen. Brave Spiessbürger und ein echt spiessbürgerliches Fuhrwerk passen ja vortrefflich zu einander. Herren der Gesellschaft, Offiziere der berittenen Gardetruppen und Damen, die als tonangebend

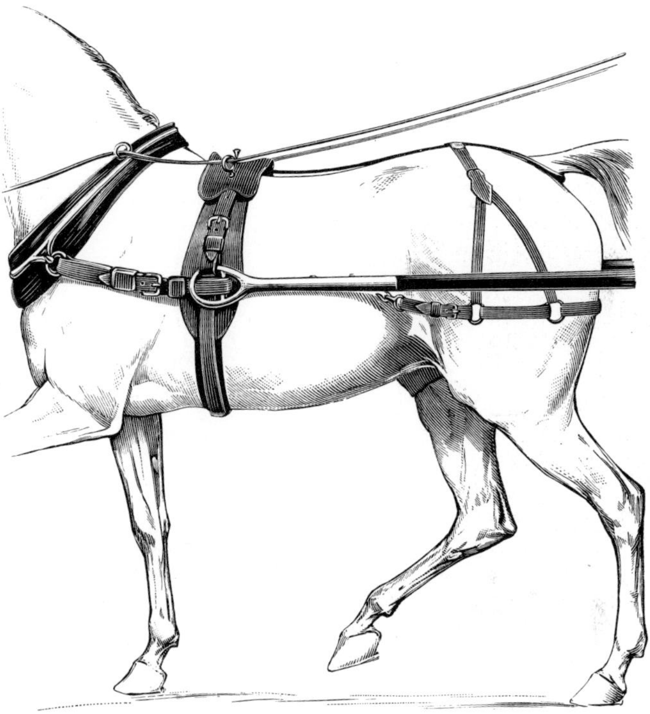

Fig. 118. Blenda-Geschirr.

n allen Fragen der Fashion angesehen werden wollen, pflegen aber ihre Vorbilder nicht aus dem fernen Osten der Grossstadt zu holen. Für die Thatsache, dass Equipagen der hier geschilderten Zusammenstellung häufig genug auch in den genannten Kreisen zur Benützung gelangen, giebt es daher nur eine Erklärung — die betreffenden Inhaber haben keine Ahnung davon, dass ihr „Zeugl“ ein fahrsportliches Monstrum.

Wir glauben nun ungefähr alles besprochen zu haben, was

mit Bezug auf die einspännige Luxus-Equipage für den Leser von Wichtigkeit und Interesse sein kann. Es erübrigt uns nur noch einige neuere Erfindungen zu erwähnen, die sich beim Einspännigfahren bewährt haben. Eine derselben besteht in einem Hinterzeug überaus einfacher und praktischer Konstruktion. Wie aus der Zeichnung (Fig. 117) zu ersehen ist, kann

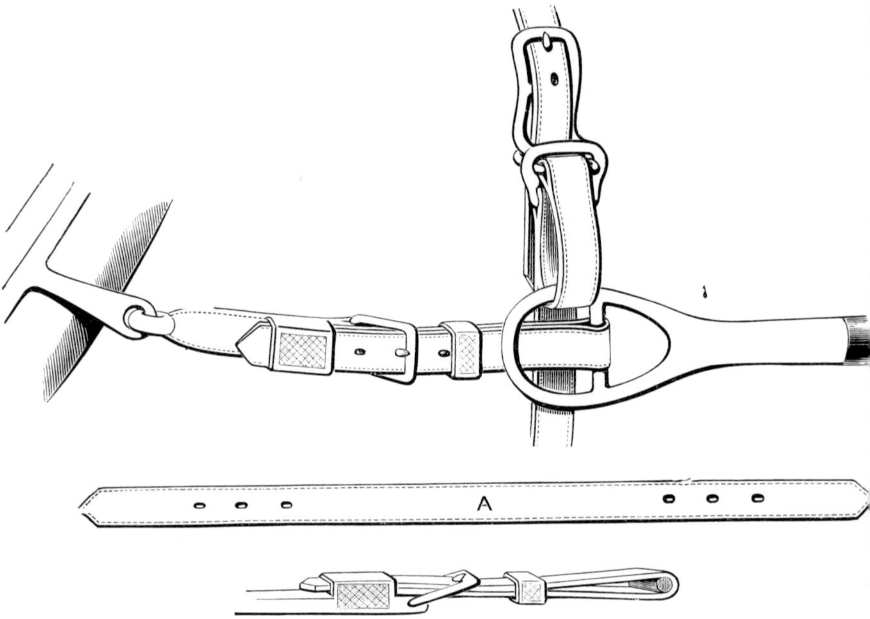

Fig. 119. Die einzelnen Bestandteile des Blenda-Geschirres.

diese Vorrichtung sowohl in Verbindung mit einem Schlagriemen, wie auch ohne einen solchen benützt werden. In letzterem Falle werden, wenn man das Hinterzeug in Gebrauch nehmen will, zwei lose Schnallstücke (a und b) in die zu diesem Zweck an der Gabel angebrachten Metallschlaufen eingeschnallt. Die Vorteile dieses neuartigen Hinterzeugs sind: dass man dasselbe nur im Bedarfsfalle, d. h. in bergigem Terrain, aufzulegen braucht, dass es beim Bergabwärtsfahren den Vorderbeinen des Pferdes jede Anstrengung erspart, und nie zu Wundreiben Anlass giebt.

Die Patentinhaber, G. Smith & Co., 151 Strand, London, liefern den vollständigen Apparat zum Preise von 17/6—25/.

Allgemeinen Beifall hat auch die vor kurzem unter dem Namen „Blenda" auf den Markt gebrachte Strang- und Gabel-Kombination in der Fachwelt gefunden.

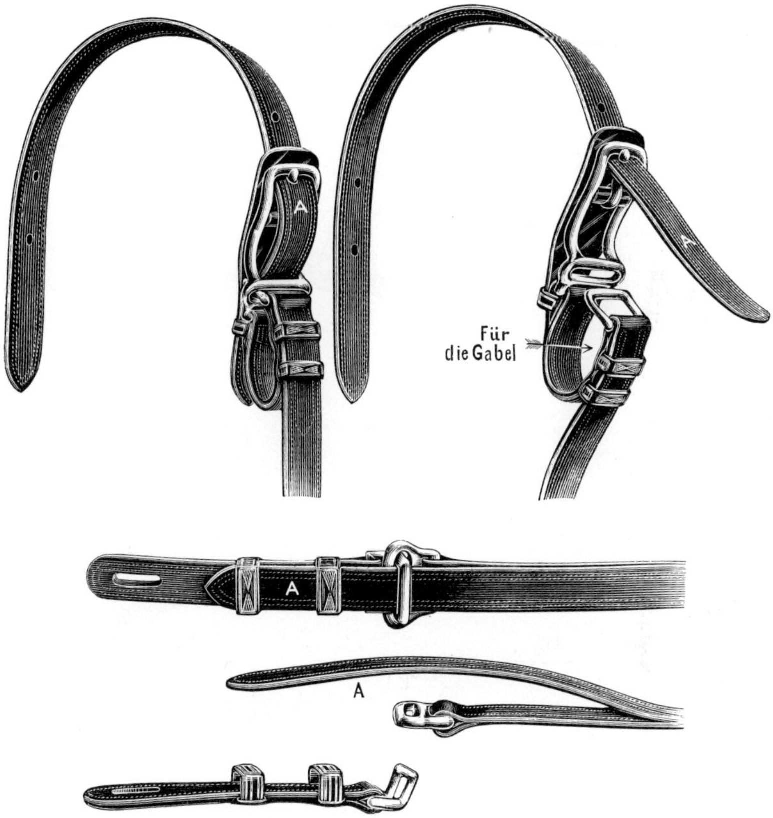

Fig. 120. Williamson's & de Negri's Patentschnallen für Einspännergeschirr.

Die Figuren 118 und 119 bringen die einzelnen Teile dieses neuen Einspännergeschirres so deutlich zur Anschauung, dass keine nähere Beschreibung desselben erforderlich sein dürfte. Wir beschränken uns daher auf die Bemerkung, dass die Gabel des Blenda-Geschirres nur bis zu den Gabelträgern reicht und dort ein schnallenartiges Endstück erhalten hat, mit welchem das

Strangschnallenstück durch einen besonderen Riemen (Fig. 119 A) wie Fig. 119 zeigt, verbunden wird.

Es unterliegt keinem Zweifel, dass diese Strang- und Gabel-Kombination sowohl dem Pferde wie auch dessen Lenker verschiedene Vorteile gewährt. Als solche wären hervorzuheben:

Fig. 121. Williamson's & de Negri's Patentschnallen für zweispänniges Geschirr.

Das Pferd kann schneller und schärfer gewendet werden.

Eine Verletzung des Pferdes durch das Geschirr ist ausgeschlossen.

Da keine weit vorstehenden Gabelspitzen vorhanden sind, wird bei Kollisionen eine Beschädigung fremder Wagen und Pferde nicht so leicht stattfinden können.

Das Kummet, die Leitseile und die Strangschnallenstücke sind keiner Reibung ausgesetzt.

Es fehlen die langen Stränge, die dem Pferde die Haare an den Seiten abscheuern.

Die Gabelträger können nicht abgleiten.

Der Wagen fährt sich ausserordentlich bequem, ohne der sonst im zweirädrigen Fuhrwerk so lästigen Kniebewegung.

Da nun dieses Geschirr ausserdem dem Pferde sehr gut steht, einen leichten sportmässigen Eindruck macht und sowohl zu zwei- wie zu vierrädrigen Wagen verwendet werden kann, halten wir es für höchst wahrscheinlich, dass die Patentinhaber, Brainsby & Sons, 48 und 49, Long Acre, London, mit demselben ein gutes Geschäft machen werden.

Sehr anzuraten ist es ferner, jedes Einspännergeschirr, so wie mit der Strang- und Gabel-Kombination geschehen, an den Gabelträgern und Strangenden mit Williamson's & de Negri's Patentschnallen zu versehen (Fig. 120). Diese ermöglichen es nämlich, das Pferd mit einem einzigen Ruck an dem Riemen A loszuschirren. Nahezu ebenso schnell kann es wieder angeschirrt werden. Dass dies in vielen Fällen, z. B. wenn ein Pferd vor dem Wagen hinstürzen sollte, von grösstem praktischem Wert sein muss, liegt auf der Hand. Wir können daher die genannten Schnallen, die sich, wie Fig. 121 zeigt, auch am zweispännigen Geschirr anbringen lassen, unsern Lesern nicht angelegentlich genug empfehlen. Zu beziehen sind sie in sowohl feinerer wie einfacherer Ausführung von den Patentinhabern, Messrs. Williamson & de Negri, 11 und 12 Clements Lane, E.C. London.

Praktische Winke.

1. Für die Behandlung der Wagen.

Die richtige Behandlung der Wagen ist natürlich von wohlthätigstem Einfluss auf deren Konservierung. Zunächst wird für eine gute Remise zu sorgen sein. Diese bestehe aus einem luftigen, trockenen, weder zu dunkeln noch zu lichten Raume, mit dichter, keinen Staub durchlassender Decke. Dumpfige, feuchte Luft, sowie grelles Sonnenlicht, rauben der Lackierung sehr bald ihr frisches, glänzendes Aussehen. Nicht weniger wichtig ist es, dass keine Verbindung zwischen dem Stall und der Remise vorhanden und dass letztere nicht von den Dünsten der Dungstätte erreicht werden könne. Mit Ammoniak geschwängerte Luft verursacht nämlich nicht nur ein Abbröckeln der Lackierung, sondern bleicht und verändert auch die Farben.*) Ein ganz ebenes Klotzpflaster (nicht Bretter) aus hartem Holz, ist als der beste Fussboden für Wagenremisen anzusehen. Ziegelpflaster ruft Feuchtigkeit hervor und unter der Einwirkung der Feuchtigkeit erblindet die Lackierung der Wagen. Sehr zu empfehlen sind auch Fensterscheiben aus Milchglas für Wagenremisen, denn gewisse Farben, besonders blau, bleichen stark, wenn sie zu lange im Dunkeln belassen werden.

---

*) So erhält Weiss eine gelbliche, Blau eine grünliche und Schwarz eine dunkelgrüne Färbung.
Anmerkung des Verfassers.

Für den täglichen Dienst ist es unbedingt am praktischsten, wenn die Bauart der Remise es ermöglicht, alle Wagen an der rückwärtigen Wand den Thoren gegenüber in einer Reihe — doch ja nicht zu nahe beieinander — aufzustellen. Man kann dann ohne vieles Hin- und Herschieben jeden einzelnen Wagen herausziehen und wieder an seinen Platz bringen. Unter allen Umständen aber vermeide man, die Wagen dicht an die Wand zu schieben. Absolut trocken werden die Wände kaum je sein; es ist daher immer geraten, darauf zu achten, dass der Wagen auf allen Seiten von der Luft bestrichen werden könne. Man vergesse nicht, dass Holz unter der Einwirkung von Feuchtigkeit schwillt.

Was das Inventar einer rationell eingerichteten Remise anbelangt, so hat dasselbe aus einer genügenden Anzahl hell leuchtender Hängelampen, aus hölzernen Rechen zum Aufhängen der Deichseln, Gabeln, Vorlegewagen und Aufhalter (letztere dürfen nicht an den Deichseln gelassen werden) und aus einem kleinen Schranke zum Aufbewahren der Putzsachen zu bestehen.

In jedem grösseren Etablissement wird ausserdem in unmittelbarer Verbindung mit der Remise ein gedeckter und asphaltierter, mit Wasserleitung versehener Waschraum vorhanden sein, in welchem das Reinigen der Wagen stattfindet.

Wenn angenommen werden kann, dass der Wagen mehrere Tage hindurch nicht in Gebrauch genommen werden wird, ist derselbe stets mit einem Überzug aus Drillichstoff zuzudecken. Staub, der längere Zeit hindurch auf dem Wagen liegen bleibt, hat nämlich ebenfalls eine schädliche Einwirkung auf die Lackierung. Dass ein solcher Überzug stets trocken gehalten werden muss, ist selbstverständlich. Gestatten es die Raumverhältnisse der Remise, so kann auch das Zudecken der Wagen, wenigstens der kostbarsten und am seltensten gebrauchten, wie folgt angeordnet werden. Über dem Platz des betreffenden Wagen wird ein viereckiger, mit Segelleinen überzogener Holzrahmen aufgehängt, der so gross ist, dass er alle äussersten Punkte überragt. An den vier Seiten des Rahmens sind herunterhängende Stücke Segeltuch nach Art von Gardinen angebracht, die entweder in die Höhe oder nach den Seiten gezogen werden können. So ist der Wagen vollständig bis zum Boden bedeckt, ohne vom Überzug berührt zu werden. Mit dieser Einrichtung lässt sich somit das häufige Abnehmen und Auflegen des Überzuges vollkommen vermeiden, was in Anbetracht der ausserordentlichen Empfindlichkeit aller feinerer Lackierung als ein grosser Vorteil bezeichnet werden muss. Welche Art von Überzug man aber auch wählen möge, stets achte man darauf, dass der Wagen nicht zu lange Zeit zugedeckt bleibe, sondern ab und zu ins Freie gezogen werde.

Ein neuer oder frisch lackierter Wagen muss immer einige Wochen stehen gelassen werden, bevor man ihn in Gebrauch nimmt. Aber selbst dann kann die Lackierung hässliche Flecken bekommen, wenn der Kutscher nicht Sorge dafür trägt, dass der während der Fahrt angesammelte Kot vor dem Eintrocknen abgespült wird. Jeden Wagen unmittelbar nach dem Gebrauch zu reinigen und nie einen schmutzigen Wagen in der Remise aufzustellen, ist somit eine der wichtigsten Regeln, die der Kutscher mit Bezug auf die Behandlung des Luxusfuhrwerkes zu beobachten hat. Der Schmutz braucht sich nur ein einzigesmal in die Lackierung einzubeissen, um diese für immer zu ruinieren. Sollte deshalb der Kutscher einmal ausnahmsweise bei der Rückkehr von einer nächtlichen Fahrt absolut nicht imstande sein, auch den Wagen einer gründlichen Reinigung zu unterziehen, so darf er doch nie sein Lager aufsuchen, bevor er nicht den schlimmsten Kot vom Kasten und dem Untergestell abgespült hat. Damit ist schon viel gewonnen. Die am nächsten Morgen nach dem Füttern und Putzen erfolgende gründliche Reinigung des Wagens wird sich dann weit schneller und leichter bewerkstelligen lassen.

Steht dem Kutscher kein gedeckter Raum zum Waschen des Wagens zur Verfügung, so wird er diesen in der wärmeren Jahreszeit nach einem schattigen Platz hin ziehen müssen, denn die Sonnenstrahlen sind, wie jede Hausmutter bestätigen kann, der Ruin aller lackierten Holzsachen. Eigentümlicherweise ist die Frühjahrssonne am meisten zu fürchten.

Nachdem der Wagen auf einen passenden Platz gebracht worden, werden alle Kissen und Teppiche herausgenommen, das Verdeck aufgeschlagen — oder wenn es ein gedeckter Wagen sein sollte, die Fenster heraufgezogen — und ein Ortscheit unter die Deichsel gestellt.

Es handelt sich nun zunächst darum, den am Wagen haftenden Kot aufzuweichen. Am zweckmässigsten verwendet man hiezu eine kleine Gartenspritze oder in Ermangelung einer solchen eine gewöhnliche Giesskanne. Der Erfolg dieser Arbeit ist an die Bedingung geknüpft, dass nicht mit dem Wasser gespart wird. Je mehr Wasser, desto schneller und gründlicher die Reinigung. Regenwasser ist der Lackierung am zuträglichsten.

Um beim Abspülen nicht jene Teile zu beschmutzen, die bereits gereinigt worden, ist es unerlässlich, dieses in einer gewissen Reihenfolge vorzunehmen. Zuerst kommt das Verdeck an die Reihe, dann der Kasten, darauf das Untergestell und zuletzt die Räder. Zum Abschwammen des Verdecks und des Kastens benötigt der Kutscher einen sehr grossen Schwamm. Noch nicht gebrauchte Schwämme müssen erst in reinem Wasser sorgfältig von den vielen Steinchen und Muschelsplittern befreit werden, die ihnen anzuhaften pflegen. Unterlässt der Kutscher dies und nimmt er einen neuen Schwamm ohne weiteres in Gebrauch, so kann es ihm passieren, dass er mit einem einzigen Strich eine tiefe Schramme in der glänzenden Lackierung seines Wagens hervorruft.

In vielen Ställen wird eine sog. Wagenbürste zum Reinigen des Kastens und der Räder verwendet. Dies ist jedoch nie zu gestatten, sondern stets nur ein Schwamm und Putzleder zu diesem Zwecke gebrauchen zu lassen. Denn erstens wirkt die Bürste mit den in ihren Borsten angesammelten Schmutzpartikelchen wie Sandpapier auf die Lackierung und zweitens wird der mit der Bürste hantierende Kutscher auch bei der grössten

Vorsicht kaum vermeiden können, mit dem hölzernen Rückenteil derselben gegen die Radspeichen anzuschlagen und so die äusserst empfindliche Lackierung zu beschädigen.

Beim Abspülen der Räder kann der Kutscher nicht ohne Ungelegenheit eine sog. Wippe (Fig. 122) entbehren. Diese ermöglicht es ihm nämlich, die Räder während der Waschprozedur in drehender Bewegung zu erhalten, wodurch ein gründliches Abspülen derselben bedeutend erleichtert wird. Auch beim Waschen der Räder ist eine gewisse Reihenfolge einzuhalten. Man beginnt mit dem hinteren Teil der Nabe und geht dann zu den Speichen und Felgen über. Darauf werden die Nabe, die Speichen und Felgen auf der vorderen Seite abgeschwammt, und schliesslich muss jede einzelne Speiche auch auf der inneren Radseite sorgfältig vom Schmutze befreit werden. Nachdem das Rad auf diese Weise gereinigt worden ist, wird es einigemal um seine Achse gedreht und mit reinem Wasser abgespült.

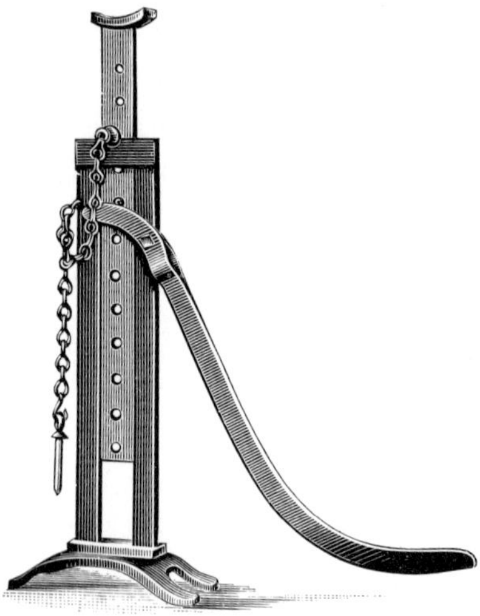

Fig. 122. Radwippe.

Sollte der Schmutz an den Wagen angefroren sein, so muss die harte Kruste durch sanftes Andrücken eines nassen Schwammes allmählich aufgeweicht werden. Dies ist allerdings eine langweilige und zeitraubende Arbeit, doch wird es keinem aus guter Schule hervorgegangenen Kutscher einfallen, sich ihr durch Anwendung von warmem Wasser zu entziehen, denn er weiss, dass er damit der Lackierung seines Wagens bleibenden Schaden zufügen würde.

Lässt man das Wasser auf dem Wagen eintrocknen, so entstehen hässliche Flecken. Der Kutscher wird deshalb stets alle abgeschwammten und abgespülten Teile auf das sorgfältigste mit einem feuchten Rehleder abwischen. Hieraur folgt das

Polieren sämtlicher Holzteile, das mit einem trockenen und weichen Rehleder bewerkstelligt wird. Bei dieser Arbeit kann der geschickte Stallmann eine überzeugende Probe seiner Kunst ablegen. Am schwierigsten ist es, grosse Flächen spiegelblank zu polieren. Ein Coupé oder ein Chariot nach allen Regeln der Kunst zu reinigen, gilt daher mit Recht als eine Arbeit, die grosse Übung erfordert.

Alle Lederteile — wie Verdeck, Kotflügel u. s. w. — werden mit Seifenwasser abgewaschen, sodann abgespült und nach dem Abtrocknen dann und wann flüchtig mit etwas Leinöl eingerieben. Beim Niederlassen des Verdecks hat der Kutscher darauf zu achten, dass keine unregelmässige Falten entstehen.

Damit kein Wasser zwischen den Federn sitzen bleibe und dort Rost verursache, sollte der Kutscher nach dem Abspülen des Wagens nie versäumen, sich auf einen der Tritte zu stellen und den Kasten in eine schaukelnde Bewegung zu versetzen. Dadurch wird das etwa noch zwischen den Federn befindliche Wasser hervorgepresst und kann dann leicht mit dem Schwamm und dem Rehleder aufgetrocknet werden. Man wolle dies ja nicht als eine überflüssige Mühe betrachten, denn ganz abgesehen von der allbekannten Thatsache, dass Rost eine nachteilige Wirkung auf Eisen und Stahl ausübt, ruft derselbe, wenn er sich zwischen den Blättern der Federn gebildet, ein quietschendes, rasselndes Geräusch hervor, das die Nerven der Fahrgäste auf eine harte Probe stellt.

Das Putzen von bronziertem oder versilbertem Beschlag geschieht am zweckmässigsten durch trockenes Reiben mit einem alten ledernen Handschuh, ohne Anwendung irgend welcher Putzpulver oder Säuren. Plattierter und messingener Beschlag kann jedoch mit einer aus ein wenig Tafelöl und pulverisierter Holzkohle oder auch aus Stearinöl und Wienerkalk bestehenden Mischung geputzt werden. Diese Putzmittel werden mit einem wollenen Lappen aufgetragen, und dann mit einem anderen Lappen abgerieben, worauf die eigentliche Politur mit einem ledernen Handschuh zu bewerkstelligen ist, bis alles glänzt, als ob der Wagen eben erst das Atelier des Fabrikanten verlassen hätte.

Die Wagenfenster, sowie die Gläser in den Laternen werden mit einem angefeuchteten Lappen oder Rehleder blank gerieben. Sollte das Glas sehr schmutzig geworden sein, so kann es auch nach dem Abwaschen mit Spiritus und Kreide bestrichen und sodann mit einem seidenen Tuche oder weichen Papier abgerieben werden. Hierbei ist jedoch grosse Vorsicht zu beobachten, damit die Kreide keine hässlichen Spuren an den Fensterrahmen oder Wagenthüren hinterlasse.

Nachdem die Fenster poliert worden, werden sie heruntergelassen und die Wagenthüren geöffnet. Es hat dies nicht nur den Zweck, das Innere des Wagens zu lüften, sondern auch das etwa noch zwischen den Wagenthüren haftende Wasser schnell zum Trocknen zu bringen.

Flecken, die auf den lackierten Flächen des Wagens entstanden, können in den meisten Fällen durch eine flüchtige Einreibung mit Leinöl entfernt werden, wozu Watte sich am besten eignet.

Ist der Wagen auf die vorstehend beschriebene Art von Aussen gereinigt worden, so kommt das Innere an die Reihe. Die Teppiche und Polster werden ausgeklopft und gebürstet und alle Teile der inneren Garnierung mit grösster Sorgfalt abgestaubt. Maroquin-, Seidenrips- und Atlasgarnierungen dürfen jedoch nicht mit der Bürste in Berührung gebracht werden, sondern sind stets mit einem weichen Tuche abzuwischen.

Sobald der Wagen in der wärmeren Jahreszeit voraussichtlich längere Zeit in der Remise zu verbleiben hat, wird zur Verhütung von Mottenfrass eine Schale mit Terpentin oder Kampfer auf den Boden des Kastens gestellt. Dieses Mittel wirkt um so sicherer, wenn die Fenster — was übrigens in der Remise stets der Fall sein sollte — heraufgezogen sind. Das beste Schutzmittel bleibt jedoch häufiges Ausklopfen in der freien Luft. Man versäume dies speziell nicht im August und September, weil die Motten in diesen Monaten fliegen.

Halbgedeckte Wagen dürfen nie mit heruntergelassenem Verdeck in der Remise stehen, und ebenso müssen die Fusssäcke öfters aufgerollt werden, wenn man die Entstehung hässlicher Falten und Brüche in diesen Lederteilen vermeiden will.

Schliesslich ist noch dem für das nette Aussehen seiner Wagen besorgten Kutscher zu empfehlen, den Wagentritt dann und wann mit etwas Eisenlack zu schwärzen. Es trägt dies ungemein viel dazu bei, das neue, frische Aussehen des Wagens zu erhalten und ist ausserdem sehr leicht auszuführen. Das einzige, was der Kutscher hierbei zu beachten hat, ist, dass er den Lack nur ganz dünn auftragen darf.

Eine nach diesen Regeln ausgeführte Reinigung des Wagens bietet dem Kutscher natürlich die beste Gelegenheit, jeden noch so kleinen, während des Gebrauchs entstandenen Schaden zu entdecken. Trotzdem möchten wir jedem Equipagenbesitzer anraten, eine Abmachung mit dem Wagenfabrikanten zu treffen, dass dieser sämtliche Wagen allmonatlich von seinen Leuten einer genauen Besichtigung unterziehen lässt. Unter allen Umständen hat dies wenigstens einmal im Jahr und stets dann zu geschehen, wenn der Wagen mehrere Monate hindurch nicht gebraucht worden ist. In England ist es auch Sitte, die Pflege der Achsen gänzlich dem Wagenfabrikanten zu übertragen. Wir halten dies für eine sehr nachahmenswerte Gepflogenheit. Denn dass der Mann vom Fach das Reinigen, Ölen und Anschrauben der Achsen besser besorgen wird, wie der Kutscher, liegt auf der Hand. Wer sich aber durchaus nicht zu der kleinen Ausgabe verstehen will, die mit einer derartigen Abmachung verknüpft ist, lasse wenigstens seinen Kutscher die Behandlung der Patent- und Kollingesachsen bei einem tüchtigen Wagenbauer erlernen. Dies wird ihm manche kostspielige Reparatur ersparen.

Viele Kutscher pflegen die Achsen rund herum mit Seife einzuschmieren. In besseren Etablissements wird dies nie geduldet. Hervortretendes Fett lässt sich leicht mit einem in Terpentin getauchten Lappen entfernen.

Nachdem der Wagen in die Remise gezogen worden, wird die Deichsel auf ihren bestimmten Platz an der Wand gehängt.

Gummi-Luftreifen werden in nächster Zukunft gewiss an den Rädern aller eleganten Wagen angebracht werden. Die Vorteile dieser Reifen sind eben so gross, dass sie jedem Equipagenbesitzer einleuchten müssen. Ganz besonders verdienen folgende Eigenschaften der „Pneumatic Tyres“ hervorgehoben zu werden: sie sind wenigstens 50% leichter als eiserne Radreifen; sie verleihen dem Wagen einen vollkommen geräuschlosen, sanften und gleichmässigen Gang; sie erleichtern dem Pferde die Zugarbeit und wirken dadurch, dass sie das Getrappel des Hufschlages nicht übertönen, anfeuernd auf die Gehlust des Pferdes; sie tragen ungemein viel zur Schonung des Wagens bei, indem sie keine heftigen Stösse und Rucker aufkommen lassen und sie befreien die Bewohner lebhafter Strassen von der Störung, die das ewige Wagengerassel zur Folge hat. Legt man nun noch hierzu, dass die pneumatischen Reifen, wenn aus der richtigen Quelle bezogen, eine sehr grosse Haltbarkeit besitzen, so wird man ihre Einführung in den deutschen Landen nur mit Freuden begrüssen können. Eines steht fest: die zunehmende Nervosität unserer fin de siècle-Generation muss jeder Erfindung, die dem Hörorgan des modernen Menschen unangenehme Empfindungen erspart, wirksame Reklame machen. Wer es nur einmal erprobt hat, welchen Genuss es gewährt, sanft geschaukelt und ohne Geräusch durch die Strassen zu fahren und dabei in ruhigem Salonton konversieren zu können, wird fortan jedem nicht mit Luftreifen versehenen Wagen ängstlich aus dem Wege

Fig. 123. Gummi-Radreifen.

gehen. Die neueste und wohl auch solideste Form der Gummi-Radreifen findet der Leser in Fig. 123 abgebildet.

Der Sicherheits-Deichselbeschlag (Fig. 124) gehört ebenfalls zu den Erfindungen, denen eine schnelle und allgemeine Verbreitung in Aussicht gestellt werden kann. Was genannten Beschlag vorteilhaft von dem bisher benützten unterscheidet, sind die langen und beweglichen Arme. Dank dem Umstande, dass jeder dieser für die Aufhalter bestimmten Arme eine eigene Hülse erhalten hat, verbleiben sie, auch wenn die

Fig. 124. Sicherheits-Deichselbeschlag.

Deichsel auf- und niederwippt, stets in derselben Lage, die Deichsel kann die Pferde somit nie belästigen. Sollte aber eines der Pferde stürzen, so löst sich der Arm auf der betreffenden Seite aus seiner Hülse und fällt ebenfalls zu Boden. Ein weiterer nicht zu unterschätzender Vorzug des Sicherheitsbeschlages besteht darin, dass der Anzug beim Anhalten oder Bergabfahren vom Zentrum des Kummets aus erfolgt. Wie ein Blick auf die Figur lehrt, werden nämlich die Aufhalter von diesem Beschlage nicht nach seitwärts gegen die Deichsel zu, sondern vom Mittelpunkt des Kummets aus gerade nach vorwärts gerichtet.

2. Für die Behandlung der Geschirre.

Wie wertvoll die Pferde und wie unbestritten die Verdienste des Wagenfabrikanten und des Sattlers auch sein mögen, wird die Equipage dennoch keinen vorteilhaften Eindruck machen, falls das Geschirr schlecht gehalten sein sollte. Es muss deshalb eine Ehrensache für jeden Kutscher sein, auch in diesem Detail der Fachkenntnis jene Fertigkeit zu erwerben, die ihm den Beifall des Kenners sichert. Eine Zauberei ist das nicht; man braucht dazu nur eine praktische Anleitung, ein wenig Gewandtheit im Gebrauch der Hände und Augen, gewöhnliche Aufmerksamkeit und jenen Grad von Pflichttreue, ohne welchen der Stallmann es überhaupt nie zu etwas rechtem bringen wird.

Das Geschirr nach jedesmaligem Gebrauch einer umständlichen Reinigung zu unterziehen, ist nicht unbedingt notwendig. Wurde dasselbe nicht mit Kot bespritzt und nur wenig bestaubt, so genügt es, die Stränge und sonstigen nicht lackierten Bestandteile abzubürsten, das lackierte Leder mit einem trockenen Lappen abzuwischen, den Beschlag zu putzen und schliesslich mittelst eines feuchten Schwammes den Schweiss zu entfernen, der sich an der inneren Seite des Kummets, des Kammdeckels, der Strangträger, Bauchgurten u. s. w. angesetzt hat.

Sobald aber die Geschirre auf schmutzigen Wegen gebraucht worden, tritt die Notwendigkeit einer gründlicheren Reinigung ein. Es wird dann nicht vermieden werden können, sie auseinander zu schnallen und die einzelnen Teile auf einen Geschirrbock aufzuhängen. Ein solcher Bock sollte stets der grösseren Bequemlichkeit wegen vorne mit Rollen und hinten mit Handhaben versehen sein (Fig. 125).

Der Grund, weshalb schmutzige Geschirre auseinander geschnallt werden müssen, liegt auf der Hand. Werden nicht alle Schnallen gelöst, so bleibt immer mehr oder weniger Schmutz zwischen denselben sitzen. Bei dem darauf folgenden Abschwammen des Geschirres darf nie mehr Wasser angewendet werden, als unbedingt zum Entfernen des Kotes notwendig ist, denn Nässe thut keinem Leder gut.

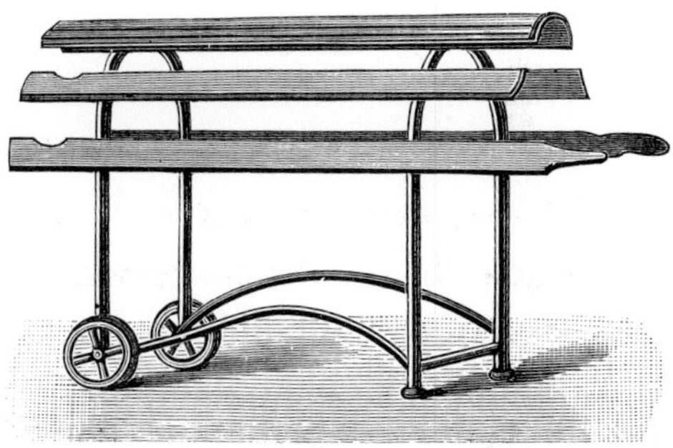

Fig. 125. Geschirrbock.

Mit dem angefeuchteten und sodann ausgedrückten — also nicht triefenden — Schwamm fährt nun der Kutscher sowohl auf der inneren wie äusseren Seite über sämtliche Geschirrteile, bis aller Schmutz verschwunden. Darauf wird jeder einzelne Teil besonders abgetrocknet, die lackierten mit einem weichen, reinen Rehleder, die übrigen mit einem älteren, zum Wagenputzen nicht mehr verwendbaren Leder. Will sich der Kutscher die kleine Extramühe machen, Seifenwasser zum Abwaschen der lackierten Teile zu nehmen, so werden diese einen ganz besonders hübschen Glanz erhalten.

Nach dem Abtrocknen folgt das Schmieren aller nicht lackierten Geschirrteile. Der Zweck dieses Schmierens ist teils dem Leder einen schönen tiefschwarzen Glanz zu verleihen, teils demselben jene Geschmeidigkeit zu erhalten, die eine Grundbedingung seiner Haltbarkeit ist. Leder, das erst durchnässt wurde, und darauf, ohne eingeschmiert zu werden, trocknen durfte, wird hart und brüchig, verliert so seine Haltbarkeit und reibt ausserdem jene Körperteile wund, mit welchen es in dauernde Berührung kommt. Diese Erfahrung ist ebenso alt, wie das ehrsame Schuhmacherhandwerk. Trotzdem lassen sich viele Kutscher nicht davon abhalten, ganze Sturzbäche über ihre Geschirre zu giessen, und um das Mass ihrer Thorheit voll zu machen, wird das so gereinigte Geschirr dann noch zum Trocknen in die Sonne gehängt!

Zum Schmieren der Geschirre ist die unter dem Namen „Everett's liquid blacking" bekannte, flüssige englische Schuhwichse am meisten zu empfehlen. Diese Wichse verleiht dem Geschirr einen ausnehmend schönen Glanz und besondere Geschmeidigkeit.

Alle sog. Glanzwichsen enthalten Bestandteile, welche die Haltbarkeit des Leders untergraben und sollten daher nur ganz ausnahmsweise zur Verwendung gelangen, z. B. wenn es sich darum handelt, ein altes, abgenütztes Geschirr etwas aufzufrischen. Für derartige Zwecke eignet sich die in jedem grösseren Schuhwarengeschäfte vorrätig gehaltene „Meltonian Cream" unbedingt am besten. Im Notfalle kann dieselbe durch eine nach folgendem Rezepte zu bereitende Mischung ersetzt werden:

Nimm das Weisse zweier Eier, 32 Gramm Zucker, einen Theelöffel Weingeist und so viel fein pulverisierte Elfenbeinschwärze als erforderlich ist, um eine schöne schwarze Farbe hervorzubringen. Mische das Ganze.

Vor dem Gebrauch wird diese Wichse gut geschüttelt und sodann mit einem Schwämmchen aufgetragen. Den gewünschten Glanz erhält man durch kräftiges Reiben mit einem seidenen Lappen.

Das Putzen der Beschläge erfordert grosse Sorgfalt und Aufmerksamkeit. Das beste ist, alle Metallornamente mit einem trockenen Lappen oder einem Putzleder zu putzen. Die im Handel vorkommenden Putzpulver sind nämlich selten frei von schädlichen Bestandteilen. Plattierter Beschlag wird ganz zweckmässig mit einer aus Wiener Kalk und Spiritus bestehenden Mischung oder auch mit Seifenschaum geputzt.

Am schwierigsten ist es natürlich, die Monogramme und Wappen zu putzen, mit welchen die Kammdeckel und Scheuleder geschmückt zu sein pflegen. Zur Schonung des lackierten Leders in der Umgebung dieser Ornamente wird der Kutscher sich mit Leder oder Pappscheiben versehen müssen, in welchen den Monogrammen oder Wappen entsprechende Ausschnitte gemacht worden sind und die also, über den Kammdeckel oder das Scheuleder gelegt, dem Leder erforderlichen Schutz gewähren, ohne deshalb dem Putzen hinderlich zu sein. Aber auch mit diesen Schutzmitteln ist es äusserst schwierig zu verhindern, dass nicht ein wenig von dem zum Putzen gebrauchten Pulver bis zum Leder dringt und dieses beschmutzt. Trockenes Putzen ist daher stets vorzuziehen. Bei dieser Gelegenheit sei auch erwähnt, dass verschlungene Monogramme — gleichviel wo sie angebracht werden — nicht mehr modern sind. Man bringt jetzt die beiden Buchstaben des Monogramms nebeneinander stehend an (Fig. 126).

Fig. 126.
Modernes Monogramm.

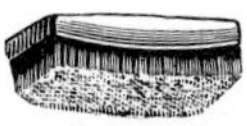

Fig. 127. Schmutzbürste.

Fig. 128. Schmierbürste.

Fig. 129. Wichsbürsten.

Fig. 130. Ornamentbürste.

Bronzebeschlag wird am zweckmässigsten mit Zitronensaft geputzt.

Gute Arbeit kann bekanntlich nur mit gutem Werkzeug geleistet werden. Dies gilt auch beim Putzen. Zu diesem Geschäfte braucht der Kutscher mindestens vier verschiedene Bürsten: eine um den Schmutz zu entfernen (Fig. 127), eine weichere zum Auftragen der Wichse (Fig. 128), eine dritte zum

Wichsen (Fig. 129) und eine vierte zum Putzen der Ornamente (Fig. 130).

Die lackierten Lederteile des Geschirres werden wie folgt behandelt. Man schwammt sie zuerst mit warmem (nicht heissem) Wasser ab, trocknet sie sodann möglichst schnell und reibt, während das Leder sich noch warm anfühlt, etwas Tafelöl ein. Nachdem letzteres wieder herausgerieben worden, folgt das Blankpolieren mit einem weichen Tuche oder Rehleder. Etwa vorhandene Flecken lassen sich mit einem in etwas Leinöl getauchten Stückchen Watte oder Flanell leicht entfernen.

Altes, unscheinbar gewordenes Lackleder kann man dadurch auffrischen, dass man es mit etwas ungesalzener Butter und pulverisierter Kreide einreibt. Wenn das Leder nach dieser Einreibung zuerst mit einem trockenen, wollenen Lappen und darauf mit einem alten seidenen Tuch poliert wird, erhält es auch erhöhten Glanz. Noch schöner wird der Glanz, wenn man das gründlich gereinigte Lackleder mit einer aus Schwefeläther und Wachs bestehenden Mischung einreibt. Das zu diesem Zweck bestimmte Wachs wird ganz dünn geschabt und in dem Schwefeläther aufgelöst. Die so erhaltene Mischung hat die rechte Konsistenz, wenn sie weder dicker noch dünner als guter Rahm ist. Sollte sie dicker sein, so enthält sie zu viel Wachs und muss dann mehr Schwefeläther zugesetzt werden; im entgegengesetzten Falle fehlt es an Wachs. Diese Masse wird mit einer weichen Bürste aufgetragen und dann mit einem Flanelllappen so kräftig eingerieben, dass das Leder warm wird. In demselben Masse, als das Wachs infolge des nachdrücklichen und anhaltenden Reibens in das Leder eindringt, entwickelt sich der gewünschte Glanz, der bei genauer Befolgung der hier gegebenen Vorschriften dem des neuen Lackleders wenig nachstehen wird.

Braunes Geschirr sowie auch die braunen Leitseile und Handstutzen werden mit Seife gereinigt und dann und wann mit etwas Sattelseife eingerieben. Mit Bezug auf letztere sei ausdrücklich bemerkt, dass die Seife von heller Farbe sein muss. Ist sie dunkel gefärbt, so verliert auch das mit derselben behandelte Leder bald sein schönes gelbbraunes Aussehen. Im Notfall kann sich der Kutscher eine recht anwendbare Sattelseife nach folgendem Rezept selbst zubereiten:

Nimm gelbes Wachs	. . . .	64 Gramm
Terpentin	. . . .	14 Centiliter.

Schneide das Wachs in kleine dünne Stücke, lege es in eine Flasche mit weiter Mündung, giesse den Terpentin hinzu und stelle das Ganze so nahe ans Feuer, dass das Wachs schmelzen kann. Es erübrigt dann nur noch die so erhaltene Mischung sorgfältig umzurühren.

Diese Masse wird mit einem Flanelllappen auf das Leder aufgetragen und erst mit einer weichen Bürste, zuletzt aber mit einem alten seidenen Tuche kräftig eingerieben.

Selbstverständlich muss das Leder vollkommen trocken sein, bevor es mit irgend einer Wichse in Berührung gebracht werden darf.

Für das Putzen der Gebisse, Kinnketten und Aufhalterketten gelten folgende Vorschriften:

Sobald die Pferde abgezäumt worden sind, werden die Gebisse in einen mit Wasser angefüllten Stalleimer geworfen, wo sie bis nach beendigter Abwartung der Pferde liegen bleiben können. Hat man sie aber einmal aus dem Wasser genommen, so müssen sie allsogleich sorgfältig abgetrocknet und darauf — sofern sie nicht rostig geworden — mit einer Polierkette poliert werden. Im entgegengesetzten Falle gilt es, zuvor den Rost zu entfernen. Dies kann in verschiedener Weise bewerkstelligt werden. Die bei weitem gründlichste, schnellste und praktischste Art der Rostentfernung besteht in der energischen Abreibung mit Naxosschmirgel (nicht Schmirgelpapier) Klauenfett und Wiener Kalk. Der Naxosschmirgel ist ein schwarzes Pulver. Zu einem halben Theelöffel desselben wird in einem Schälchen unter ständigem Umrühren soviel Klauenfett zugesetzt, dass eine breiige

Masse entsteht. Die Kuppe des rechten Zeigefingers wird mit Putzleder oder einem Leinwandläppchen umhüllt. Alsdann wird sie in die breiige Masse getaucht und auf den Rostfleck übertragen. Durch festes energisches Hin- und Herreiben löst sich dieser bald auf. Nachträglich muss, um jede Spur von Schmirgel und Klauenfett zu entfernen, das Gebiss reichlich mit Wiener Kalk, der ebenso, aber mit eigenem Leder oder Läppchen eingerieben wird, geputzt werden.

Handelt es sich um Entfernung von Rostflecken aus versteckten Ecken und Winkeln, so nimmt man am besten ein Buchsbaumstäbchen, wie sie für Uhrmacher verkäuflich sind und schnitzt es an dem einen Ende je nach Bedarf spitzrund, breitspitz u. s. w. zu und reibt mit ihm sowohl Schmirgelmasse als zuletzt Kalk auf; auch hier muss man besondere Stäbchen für Schmirgel und Kalk haben.

Ganz zweckmässig ist es auch, alte verrostete Stahlsachen 24 Stunden hindurch in Petroleum liegen zu lassen. Hiedurch wird der Rost aufgelöst und kann derselbe sodann leicht weggeputzt werden. Starker Rost sollte jedoch nie aut den in Gebrauch stehenden Gebissen vorkommen. Mit Bezug hierauf wollen wir erwähnen, dass erfahrene Kutscher bei feuchtem Wetter die Gebisse und Ketten vor dem Einspannen mit einem fettigen Tuch abzureiben pflegen. Nach dem Ausspannen wird das Fett wieder abgewischt und können die Sachen dann sogleich poliert werden, ohne dass man in die Notwendigkeit kommt, sich mit dem Entfernen von Rostflecken aufzuhalten. Will man die nicht im täglichen Gebrauch stehenden Stahlsachen gegen Rost schützen, so kann man denselben mittelst eines weichen Pinsels einen dünnen, gleichmässigen Anstrich von Kollodium geben. Auf solche Art behandelte Metallsachen halten sich jahrelang blank, ohne dass sie geputzt zu werden brauchen. Kleinere Rostflecke lassen sich ohne Schwierigkeit mit der Lederfeile (ein mit Leder überzogenes Stückchen Holz) und etwas Wiener Kalk wegputzen.

Die Polierkette darf, wie bereits bemerkt worden, erst nachdem das Gebiss von allen Rostspuren befreit worden ist, in Verwendung treten. Die Arbeit mit diesem Werkzeuge wird bedeutend erleichtert, wenn man sich ein an die Wand zu befestigendes, mit Haken versehenes Brett anschafft. Wird nun der Gegenstand, der poliert werden soll, auf einen dieser Haken gehängt, so können beide Hände beim Gebrauch der Polierkette benützt werden. Was die Kette selbst betrifft, wird dieselbe in drei Formen angefertigt, von denen jede ihre bestimmten Vorteile hat und deshalb in keiner Sattelkammer fehlen sollte. Die viereckige Form dient zum Polieren glatter und gerader Gebisse, die längliche zum Polieren von Ringen, gebogenen Kandaren u. s. w. und die an einen Fidelbogen erinnernde kann nach beiden Richtungen angewendet werden.

Fig. 131. Petroleum-Ofen für Geschirr- und Sattelkammern.

Einen ganz besonders schönen Glanz erhält das Gebiss, wenn man dasselbe erst oberflächlich mit Wiener Kalk putzt, es sodann mit Seifenschaum bestreicht und schliesslich so lange mit einem angefeuchteten, etwas Putzkalk enthaltenden leinenen Beutel abreibt, bis der Seifenschaum vollständig verschwunden ist.

Die Kinnketten werden in der Weise geputzt, dass man sie zwischen beiden Händen mit etwas Seifenschaum kräftig und anhaltend abreibt.

Die vernickelten oder plattierten Aufhalterketten sind leicht blank zu erhalten, wenn der Kutscher sie in einen ledernen oder aus starkem Stoff angefertigten und mit etwas Stroh angefüllten Sack legt, diesen dann an jedem Ende mit einer Hand erfasst und ihn mit hochgehaltenen Armen hin- und herschwenkt. Das Stroh wird hierdurch vollständig zerrieben, die Ketten aber erhalten gleichzeitig einen Glanz, der nichts zu wünschen übrig lässt.

Ein sorgsamer Kutscher macht es sich zur Regel, jeden noch so unbedeutenden Schaden sogleich auszubessern oder ausbessern zu lassen und nie mit einem Messer oder Pfriemen Löcher in die Schnallriemen, Stränge oder Leitseile zu bohren. Zu letzterem Zwecke darf nur ein gutes Locheisen angewendet werden.

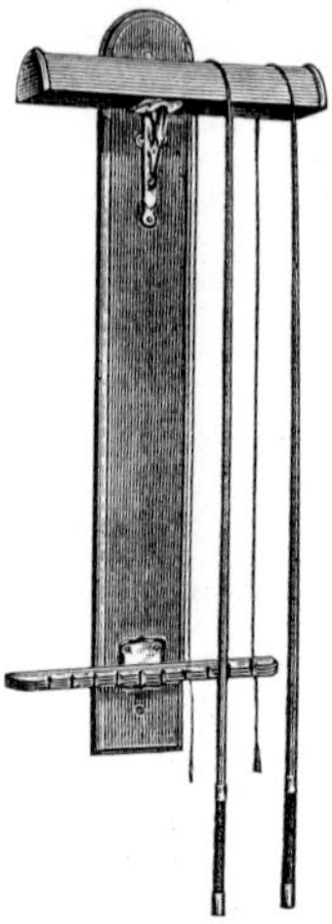

Fig. 132.
Peitschenständer.

Die Luft in jeder Geschirrkammer soll mässig warm und trocken erhalten werden, damit das Leder keine Sprünge bekomme und die Metallbestandteile nicht anlaufen oder rosten. Wo also kein, die ganze Stallanlage umfassendes Warmwasserheizsystem vorhanden, ist in der Geschirrkammer ein Ofen aufzustellen, der so eingerichtet sein muss, dass stets heisses Wasser zur Verfügung steht.

Fig. 131 stellt einen eigens für Geschirrkammern und Wagenremisen konstruierten Petroleumofen dar, der den höchsten Anforderungen entspricht. Derselbe vermag auch bei grösster Kälte einen Raum von 20 Fuss im Quadrat schnell und gründlich zu erwärmen und liefert gleichzeitig ein ausserordentlich intensives Licht. Die Lampe, die mit einer klaren weissen Flamme brennt, hält zwölf Stunden vor.

Zum Aufhängen der Peitschen empfehlen wir den in Fig. 132 abgebildeten neuartigen Peitschenständer. Nur ein Kutscher der allerniedrigsten Klasse wird die Peitschen in die Ecke stellen oder auf einen in die Wand eingeschlagenen Nagel aufhängen

3. Für den Kutscher.

Die Kapitelüberschrift „Praktische Winke" besagt schon, dass wir nicht beabsichtigen, uns hier mit den ebenso zahlreichen wie vielseitigen Berufspflichten des Kutschers zu beschäftigen. Wollten wir uns auch auf eine Besprechung des Stalldienstes und der Fahrkunst einlassen, so müssten wir die Grenzen, die wir uns für vorliegende kleine Arbeit gesteckt, weit überschreiten. Unsere Aufgabe war und ist eben nur, den Lesern über die äusseren Merkmale oder „Points" der korrekt, d. h. dem jeweiligen Zwecke entsprechend, zusammengestellten Luxus-Equipagen zu orientieren. Auch im Nachstehenden werden wir daher ausschliesslich diejenigen Äusserlichkeiten hervorheben, die im Verein mit grosser Eleganz und Sicherheit im Fahren, den korrekten Kutscher so scharf und vorteilhaft von seinem ungeschulten Berufsgenossen unterscheiden. Es erscheint dies umso notwendiger, als jene Äusserlichkeiten von entscheidendem Einfluss auf die Gestaltung des Gesamtbildes sind, das die mit bedeutendem Aufwand von Mühe und Kosten zusammengestellte Equipage dem Auge des Kenners darbieten soll.

Was zunächst die Haltung des Kutschers anbelangt, so muss dieselbe bei jeder Gelegenheit den Beweis liefern, dass der Mann ein überzeugter Anhänger der in vornehmen Häusern herrschenden Etikette ist. Sollte er nicht imstande sein oder es für überflüssig erachten, sich den Ton, die Manieren und den Takt eines in strenger Zucht und feiner Umgebung aufgewachsenen Dieners anzueignen, so besteige er lieber den Bock einer Droschke oder eines Bierwagens.

Auf sein Äusseres verwende er die grösste Sorgfalt. Wer ihn ansieht, muss sich sagen können: „Der Mann hält etwas auf sich, er will repräsentieren, will den Herrn, dem er dient, sich selbst und seinen Beruf ehren."

Auch sein Sitz gebe zu erkennen, dass er eine hohe Meinung von der Würde und den Pflichten eines herrschaftlichen

Kutschers hat. So grobe Fehler, wie auf dem Bocke freundschaftliche Grüsse mit Bekannten auszutauschen, dort zu rauchen oder irgend etwas zu verzehren, mit der Peitsche zu knallen u. s. w., wird er sich daher auch nie zu Schulden kommen lassen, denn was der Engländer „bad form“ nennt, ist ihm aus innerster Überzeugung ein Greuel.

Fig. 133. Sitz und Haltung des Kutschers auf dem Bocke.

Wollte man die eben erwähnte Haltung einem vollständig ahnungslosen Kutscherlehrling zur Nachahmung empfehlen, so würde man sich ungefähr wie folgt zu äussern haben: „Das erste, was Du zu thun hast, ist Dir die Rockschösse möglichst faltenlos unter das Gesäss und um die Schenkel zu schlagen, die Zügelenden zwischen die Beine durchzuziehen und Dich ungezwungen auf das Keilkissen hinzusetzen. Nachdem dies geschehen, wirst Du Deine Aufmerksamkeit zunächst der Haltung des Oberkörpers zuwenden. Diese soll gerade sein ohne in den Fehler rekrutenhafter Steifheit zu verfallen. Die Augen verbleiben selbstverständlich unausgesetzt den Pferden zugerichtet; die Oberarme sind leicht anzuschliessen; die linke, zügelführende Hand wird mitten vor den Leib gestellt und die Rechte stützt die etwas nach vorwärts gerichtete Peitsche auf den rechten Oberschenkel. Wenn Du dann schliesslich noch mit leicht gebogenen Knieen die Absätze aneinander schiebst und die Fussspitzen ein wenig nach auswärts richtest, kannst Du versichert sein, dass der Fachmann an Deiner Haltung auf dem Bocke nichts auszusetzen finden wird. (Fig. 133.)

Dass auch die Pferde keine nachlässige Haltung zeigen dürfen, braucht wohl kaum hervorgehoben zu werden. Die Pferde eines geschickten Kutschers nehmen beim Halten sofort die gestreckte Paradestellung ein. (Fig. 59 Seite 94.) Es sei jedoch ausdrücklich bemerkt, dass die hierzu erforderliche Dressur nicht vorgenommen werden darf, während die Equipage auf die Herrschaft wartet. Alles was zur Dressur gehört, wird gelegentlich der zum Bewegen der Pferde bestimmten Fahrten erledigt, für welche bekanntlich der Break benützt zu werden pflegt.

Beim Erscheinen der Herrschaft nimmt der in guter Schule ausgebildete Kutscher schnell die Peitsche in die linke Hand und greift mit dem Daumen und Zeigefinger der rechten Hand an den vorderen Teil der Hutkrempe. In dieser Stellung verharrt er, bis ihm der Befehl zur Abfahrt erteilt worden. Sollte er während der Fahrt angesprochen werden, oder schickt sich die Herrschaft an, den Wagen zu verlassen, salutiert er in derselben Weise. Befehle nimmt er mit einem kurzen aber respektvollen „Sehr wohl" entgegen.

Vom Stall zu der Thür, wo eingestiegen werden soll und von dort zurück zum Stall wird nur Schritt gefahren. Mit leerer Equipage ein flottes Tempo einzuhalten, ist, zumal in der Stadt, überhaupt nicht chic, wie denn auch das Schnellfahren auf dem Strassenpflaster von jedem herrschaftlichen Kutscher mit Recht als ein Fleischersport betrachtet wird.

Ohne besondere Veranlassung Überzieher mitzunehmen, ist gegenwärtig nicht gebräuchlich. Wurde aber die Mitnahme dieses Kleidungsstückes anbefohlen, so ist dasselbe mit nach Innen gezogenen Ärmeln, schmal zusammengelegt und vollkommen zugeknöpft, in der Weise über das Sitzkissen des Bockes zu breiten, dass es rückwärts mit der ganzen Knopfreihe herabhängt.

Der Regenrock dagegen sollte vorsichtigerweise stets, im Bockkasten verwahrt, mitgenommen werden. In eine Tasche dieses Rockes gehört ein Gummiüberzug für den Hut, in die andere ein Paar gestrickte Handschuhe. So ausgerüstet, hat der Kutscher für sich und seinen Anzug nichts von etwaigen Launen des Wettergottes zu fürchten.

Beim Vorfahren mit einem geschlossenen Wagen sind die Fenster zur Hälfte herunterzulassen. Es hat dies den Zweck der frischen Luft Eingang in den Wagen zu verschaffen, bevor die Herrschaft ihre Sitze in demselben einnimmt.

Zu jeder Fahrt, gleichviel welches ihr Ziel, nimmt der korrekte Kutscher im Bockkasten eine lederne Tasche mit, die ein als Hammer, Zange und Feile zu verwendendes Werkzeug, einige Reserve-Hufeisen, ein Dutzend Hufnägel, mehrere starke Stricke und eine Rolle Bindfaden enthält. Im Besitz dieser Tasche wird es ihm beinahe immer möglich sein, vorkommende kleinere Schäden schnell zu reparieren, bevor dieselben sich zu einer Katastrophe gestalten. Genannte Gegenstände lose im Bockkasten zu verwahren, empfiehlt sich schon aus dem Grunde nicht, weil diese dann während der Fahrt leicht ein lästiges klapperndes Geräusch verursachen könnten.

Ist der Kutscher nur zur Begleitung seines, in diesem Falle selbstfahrenden Herrn befohlen, so wird er hinter dem Vordersitz des ein- oder zweispännigen Wagens stehend, im Schritt vorfahren, beim Hausthore angekommen die Zügel am Zügelhalter bezw. Kotschirm befestigen und sich vor die Pferde stellen. Beim Erscheinen des Herrn grüsst er in vorgeschriebener Weise, bleibt jedoch ruhig stehen, bis dieser Platz genommen und die

Zügel ergriffen hat. Dann erst eilt er den Rücksitz zu erklimmen und sich dort mit untergeschlagenen Armen niederzusetzen.

Improvisierte Rosselenker, die sich Kutscher nennen, thatsächlich aber nur in Livree gesteckte Fuhrknechte sind, pflegen sich auf derartigen Fahrten prächtig zu unterhalten. Sie thun so, als ob sie die ganze Fahrerei nichts anginge und sie nur zu ihrem Privatspass mitgenommen wären. Kommt ein Bekannter des Weges, so entbieten sie ihm freundlichst ihren Gruss, nach hübschen Dienstmädchen sehen sie sich mit Kennermiene möglichst lange um, was ihnen lustig erscheint wird ungeniert belacht, führt die Fahrt durch ödere Gegenden, riskieren sie ein Schläfchen u. s. w. Anders der korrekte Kutscher. Dieser verfolgt mit gespannter Aufmerksamkeit das Thun und Lassen seines Herrn und seiner Pferde. Alles andere ist für ihn nicht vorhanden. Gegrüsst wird niemand, nicht einmal diejenigen Herrschaften die dem Herrn das Geleite bis zur Schwelle ihres Hauses geben. Nur wenn sein Herr ihn anspricht, erhebt er sich und antwortet vorschriftsmässig salutierend. Beim ersten Anzeichen, dass der Herr anhalten will, springt er behend vom Wagen, um seinen für diesen Fall bestimmten Platz vor den Pferden einzunehmen. In einem Nu voltigiert er auch vom Rücksitz herunter, wenn er bemerkt, dass die Pferde aus irgend einem Anlass im Begriffe stehen Unheil anzustiften und wo es Not thut, weiss er durch warnenden Zuruf oder Handbewegung Kollisionsgefahren vorzubeugen.

Wir geben gerne zu, dass solches, zumeist während schneller Fahrt gefordetes Ab- und Hinaufvoltigieren nur dann glatt ablaufen wird, wenn es gründlich geübt worden. Es ist uns aber auch nie in den Sinn gekommen, den Beruf eines herrschaftlichen Kutschers als einen bequemen und leicht zu erlernenden hinzustellen.

Die Livreefrage haben wir bereits Seite 76—82 so eingehend erörtert, dass wir, was dieses Detail des Equipagenwesens anbelangt, hier nur einige praktische Winke für den Kutscher nachzutragen haben. So z. B. empfehlen wir ihm, wie auch jedem Gentlemanfahrer, die in Figur 134 abgebildeten Fahrhandschuhe. Diese besitzen nämlich den besonders beim Fahren von scharf ins Zeug gehenden Blutpferden nicht gering anzuschlagenden Vorzug, dass sie, dank den über die ganze Handfläche verteilten, hervorstehenden Rippen, dem Durchgleiten glatter Zügel erfolgreichen Widerstand entgegenstellen. Ausserdem sind sie ungemein stark. Wer sich derartige Handschuhe durch seinen Sattler kommen lassen will, merke sich die Adresse: Fownes Bros. & Co., 71—75 Gresham Street, London E. C.

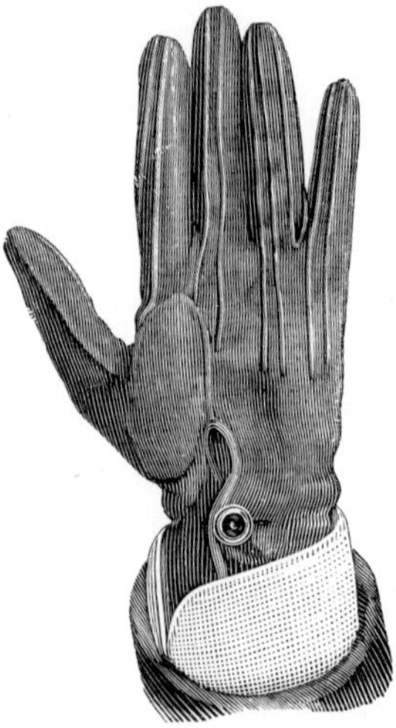

Fig. 134.
Gerippte Fahrhandschuhe.

Ferner dürfte es nicht überflüssig sein, darauf hinzuweisen, dass der Kutscher viel dazu beitragen kann seine Livree lange nett und sauber zu erhalten.

Wir wollen uns zu diesem Zwecke zuerst mit dem Hute beschäftigen. Ist dieser dem Einflusse nasser Witterung ausgesetzt gewesen, so nehme der Kutscher einen leicht in warmes Wasser getauchten, weichen und reinen Schwamm und fahre mit demselben mehreremale in der Richtung des Striches über den Filz. Dann lasse er den Hut trocknen und glätte ihn mit einer weichen Bürste. Die letzte Politur gebe er mit einem seidenen Tuche. Sollte der Hut allen Glanz verloren haben, so empfiehlt es sich, das seidene Tuch mit 2—3 Tropfen Tafelöl zu benetzen. Mehr Öl darf jedoch nicht verwendet werden, denn dann erhält der Hut einen widerwärtigen fettigen Glanz.

Die vielfach zu Livreen benützten drapfarbigen Überzieher lassen sich am besten mit Kleie reinigen, die kräftig in das Tuch hineingerieben wird. Ist der Rock sehr schmutzig geworden, so nehme man zuerst angefeuchtete Kleie und beendige das Putzen mit einer ausgiebigen Einreibung von trockener

Kleie. Das Kollern weisslederner Breeches erfolgt am zweckmässigsten nach folgendem Rezept:

Putze die Breeches zuerst mit einer in reines weiches Wasser getauchten Bürste, ohne sie durchnass werden zu lassen. Bestreiche sie sodann mit nachstehender Mischung:

Kreide	238	Gramm
Alaun	119	,,
Hausenblase	15	,,
Pulverisierter Bimsstein . .	30	,,
Weisse Seife	59	,,
Pfeifenthon	3	Tafeln
Stärke	1	Esslöffel
Tafelöl	6	,,

Diesen Ingredienzen wird siedendes Wasser zugesetzt, bis das Ganze die Konsistenz dicken Rahms angenommen hat. Sobald dies der Fall, ist die Mischung geeignet, dünn mit einer Bürste aufgetragen zu werden. Hierauf lässt man die Breeches langsam und gründlich trocknen und klopft sie sodann mit einem Rohrstock tüchtig aus, bevor man sie in ihrer richtigen Länge auf die Hölzer spannt. Zum Schluss werden sie auch gebügelt, doch dürfen die hiezu verwendeten Eisen nicht zu heiss sein.

Sollte sich bei dieser Reinigung ergeben, dass nicht alle Flecken herausgegangen, so wird die Anwendung von etwas Zitronensaft, der nachher mit Wasser wieder weggewaschen werden muss, voraussichtlich zum Ziele führen.

Anstatt der ledernen Hosen werden jedoch in England vielfach solche aus weissem Stoff, sog. Stockinet, benützt. Dieser ist nämlich nicht nur weit leichter zu reinigen, sondern bereitet auch dem Schneider bei der Anfertigung der Hosen bedeutend weniger Schwierigkeiten wie das Leder.

Die weissen Stulpen der Livreestiefel putzt man in folgender Weise: 30 Gramm weisser Vitriol werden in einer Flasche Regenwasser aufgelöst. Nachdem dieser Lösung noch 15 Gramm Oxalsäure zugesetzt worden, wird sie mit einem

Schwamm aufgetragen und mit einer Bürste kräftig in das Leder hineingebürstet. Wir bemerken jedoch ausdrücklich, dass die Oxalsäure giftig ist. 15 Gramm genügen schon, um den Tod eines Hundes in wenigen Minuten herbeizuführen. Vorsicht im Gebrauch dieses Mittels ist somit dringend geboten. Zum Putzen farbiger Stulpen empfehlen wir das bewährte englische Präparat „Propert's Powder", das von jedem grösseren Sattlergeschäft bezogen werden kann.

Schliesslich möchten wir die Kutscher und Equipagenbesitzer auch noch darauf aufmerksam machen, dass das in jüngster Zeit sehr modern gewordene Stutzen der Pferdemähnen nur dann den Beifall des Kenners findet, wenn das betreffende Pferd das Mass von 150 cm nicht überschreitet und die Mähne wirklich bis auf den Grund gestutzt worden ist. Eine nach dem Vorbilde der Parthenon-Pferde gestutzte Mähne entspricht also nicht den Anforderungen der Fashion.

Inhalts-Verzeichnis.

Verzeichnis der Abbildungen.